俄语系列图书

大学俄语词汇手册

第2册

总主编　王利众　张廷选

本册主编　童　丹　韩振宇

编　者　王利众　王鸿雁　孙晓薇

张廷选　韩振宇　童　丹

贴近生活 • 语言规范

内容丰富 • 实用帮手

大家一起从早到晚说俄语

图书在版编目(CIP)数据

大学俄语词汇手册.第2册/王利众主编.—哈尔滨:哈尔滨工业大学出版社,2016.1
ISBN 978-7-5603-4939-8

Ⅰ.①大… Ⅱ.①王… Ⅲ.①俄语-词汇-高等学校-教学参考资料 Ⅳ.①H353

中国版本图书馆CIP数据核字(2015)第290962号

责任编辑 甄淼淼
封面设计 刘长友
出版发行 哈尔滨工业大学出版社
社　　址 哈尔滨市南岗区复华四道街10号 邮编150006
传　　真 0451-86414749
网　　址 http://hitpress.hit.edu.cn
印　　刷 哈尔滨久利印刷有限公司
开　　本 787mm×1092mm 1/16 印张9.5 字数360千字
版　　次 2016年1月第1版 2016年1月第1次印刷
书　　号 ISBN 978-7-5603-4939-8
定　　价 23.80元

前 言

词汇是学习俄语的基础，只有积累大量的词汇才能熟练掌握听、说、读、写、译等各项言语技能。本书在大学俄语教学实践的基础上，根据俄语专业零起点学生的特点编写而成。

本书有如下特点：

1. 每课的词汇给出注释。每课词汇编写时，尽可能使用本册学过及第一册中的词汇，特别是使用频率高的词汇，并对每个词义给出相应词组。

2. 名词给出变格形式，动词给出变位及过去时形式，方便学生学习时检查自己的学习效果。

3. 每课的重点词汇（如变格特殊、变位特殊）均给出示例，方便掌握。

4. 每课"词汇记忆"均有俄、汉、英三种语言对照，学生使用时可以只看汉语解释，口头译成俄语，同时可以复习英语表达方式（为了增加记忆效果，本书把相同词性的词，如名词、动词归纳在一起）。

编写该书是一种新的尝试，欢迎广大读者批评指正。

哈尔滨工业大学俄语系
王利众
wanglizhongs@163.com
2015 年冬

目　录

第一课

一、词汇导读

我们在第一册学完了名词单复数的六个格、动词的现在时和过去时，在第二册要巩固这些语法知识。

二、词汇注释

сотру́дник ［阳性］单数：*сотру́дник, сотру́дника, сотру́днику, сотру́дника, сотру́дником, о сотру́днике*；复数：*сотру́дники, сотру́дников, сотру́дникам, сотру́дников, сотру́дниками, о сотру́дниках* 职员 сотру́дник фи́рмы 公司职员

наза́д ［副词］向后；以前 идти́ наза́д 向后退 год наза́д 一年前 неде́лю наза́д 一星期前

ме́неджер ［阳性］单数：*ме́неджер, ме́неджера, ме́неджеру, ме́неджера, ме́неджером, о ме́неджере*；复数：*ме́неджеры, ме́неджеров, ме́неджерам, ме́неджеров, ме́неджерами, о ме́неджерах* 经理 ме́неджер фи́рмы 公司经理 рабо́тать ме́неджером в фи́рме 在公司当经理

для ［前置词］*кого́-чего́* 为了 для жи́зни 为了生活 для заме́ны 用于替换

заме́на ［阴性］单数：*заме́на, заме́ны, заме́не, заме́ну, заме́ной, о заме́не* 替换 заме́на карандаша́ ру́чкой 用钢笔代替铅笔

компа́ния ［阴性］单数：*компа́ния, компа́нии, компа́нии, компа́нию, компа́нией, о компа́нии*；复数：*компа́нии, компа́ний, компа́ниям, компа́нии, компа́ниями, о компа́ниях* 公司 сотру́дник компа́нии 公司员工 дире́ктор компа́нии 公司经理

встре́ча ［阴性］单数：*встре́ча, встре́чи, встре́че, встре́чу, встре́чей, о встре́че* 会面，相遇 встре́ча с друзья́ми 和朋友们见面

ви́деться ［未完成体］*с кем* 现在时：*ви́жусь, ви́дишься, ви́дится, ви́димся, ви́дитесь, ви́дятся*；过去时：*ви́делся, ви́делась, ви́делось, ви́делись*//***увиде́ться***［完成体］见面，遇见 ви́деться с ме́неджером компа́нии 遇见公司经理 ви́деться с гла́вным инжене́ром 和总工程师见面

IKEA ［缩写词］宜家 фи́рма IKEA 宜家公司

фа́брика ［阴性］单数：*фа́брика, фа́брики, фа́брике, фа́брику, фа́брикой, о фа́брике*；复数：*фа́брики, фа́брик, фа́брикам, фа́брики, фа́бриками, о фа́бриках* 工厂 дире́ктор фа́брики 厂长 рабо́тать на фа́брике 在工厂工作

отли́чно ［副词］很好 учи́ться отли́чно 学习很好
［用作中性名词，不变格］（学习成绩）优秀 сдать экза́мен на отли́чно 考试得五分

жени́ться ［未或完成体］*на ком* 现在时或将来时：*женю́сь*，*же́нишься*，*же́нится*，*же́нимся*，*же́нитесь*，*же́нятся*；过去时：*жени́лся*，*жени́лись*（男子）结婚，娶妻 жени́ться на учи́тельнице 娶女教师为妻 жени́ться на до́чери профе́ссора 娶教授的女儿为妻

холосто́й ［形容词］*холоста́я*，*холосто́е*，*холосты́е* 单身的 холосто́й мужчи́на 未婚的男子 холоста́я жизнь 独身生活

познако́мить ［完成体］*кого́ с кем-чем* 将来时：*познако́млю*，*познако́мишь*，*познако́мит*，*познако́мим*，*познако́мите*，*познако́мят*；过去时：*познако́мил*，*познако́мила*，*познако́мило*，*познако́мили*//***знако́мить***［未完成体］介绍，使认识 знако́мить дру́га с мое́й жено́й 介绍朋友和我妻子认识 знако́мить дете́й с исто́рией Кита́я 让孩子了解中国历史 знако́мить студе́нтов с культу́рой Росси́и 让大学生了解俄罗斯文化

обяза́тельно ［副词］一定，必定，务必 обяза́тельно сде́лать дома́шние зада́ния 一定做完家庭作业 обяза́тельно вы́полнить зада́чу во́время 一定按时完成任务

жизнь ［阴性］单数：*жизнь*，*жи́зни*，*жи́зни*，*жизнь*，*жи́знью*，*о жи́зни* 生活 рассказа́ть о свое́й жи́зни 讲述自己的生活 счастли́вая жизнь 幸福的生活 жить холосто́й жи́знью 过单身生活

пожива́ть ［未完成体］现在时：*пожива́ю*，*пожива́ешь*，*пожива́ет*，*пожива́ем*，*пожива́ете*，*пожива́ют*；过去时：*пожива́л*，*пожива́ла*，*пожива́ло*，*пожива́ли* 生活；度日 Как пожива́ете？ 您过得怎么样？

перево́дческий ［形容词］*перево́дческая*，*перево́дческое*，*перево́дческие* 翻译的 перево́дческий отде́л 翻译部 перево́дческая рабо́та 翻译工作 перево́дческое иску́сство 翻译的艺术

отде́л ［阳性］单数：*отде́л*，*отде́ла*，*отде́лу*，*отде́л*，*отде́лом*，*об отде́ле*；复数：*отде́лы*，*отде́лов*，*отде́лам*，*отде́лы*，*отде́лами*，*об отде́лах* 处，部门 техни́ческий отде́л 技术科 отде́л иностра́нных дел 外事处 рабо́тать в отде́ле 在处里工作

зарпла́та ［阴性］单数：*зарпла́та*，*зарпла́ты*，*зарпла́те*，*зарпла́ту*，*зарпла́той*，*о зарпла́те* 工资，薪水 ме́сячная зарпла́та 月薪 годова́я зарпла́та 年薪 высо́кая зарпла́та 高薪 жить на зарпла́ту 靠工资生活 Зарпла́та в ме́сяц 8 000 рубле́й. 月薪 8 000 卢布。

ку́рсы ［复数］*ку́рсов*，*ку́рсам*，*ку́рсы*，*ку́рсами*，*о ку́рсах* 培训班，讲习班 учи́ться на ку́рсах 在培训班学习

устро́иться ［完成体］将来时：*устро́юсь*，*устро́ишься*，*устро́ится*，*устро́имся*，*устро́итесь*，*устро́ятся*；过去时：*устро́ился*，*устро́илась*，*устро́илось*，*устро́ились*//***устра́иваться*** ［未完成体］现在时：*устра́иваюсь*，*устра́иваешься*，*устра́ивается*，*устра́иваемся*，*устра́иваетесь*，*устра́иваются*；过去时：

устрáивался, устрáивалась, устрáивалось, устрáивались 就业，找到工作；安置（好）устрóиться в фи́рму 到公司工作 устрóиться в дéтскую больни́цу 去儿童医院工作 устрóиться на рабóту 安排工作 устрóиться в нóвой кварти́ре 在新居里安顿好 устрóиться спать 安顿好睡觉

достáточно ［副词］足够，充足 достáточно си́льный 相当有力的 достáточно бы́стро 相当快

нормáльно ［副词］正常地 нормáльно жить 正常生活 нормáльно расти́ 正常成长

вся́кий ［代词］*вся́кая, вся́кое, вся́кие* 任何一个的；各种各样的 вся́кий человéк 任何人 вся́кий раз 每一次 слу́шать без вся́кого интерéса 听得毫无兴趣 во вся́ком слу́чае 无论如何 вся́кие лю́ди 形形色色的人 вся́кие делá 各种事情

слу́чай ［阳性］单数：*слу́чай, слу́чая, слу́чаю, слу́чай, слу́чаем, о слу́чае*；复数：*слу́чаи, слу́чаев, слу́чаям, слу́чаи, слу́чаями, о слу́чаях* 事件；场合 интерéсный слу́чай 有趣的事 рéдкий слу́чай 罕见的事情 в лу́чшем слу́чае 在最好的情况下 во вся́ком слу́чае 无论如何 на вся́кий слу́чай 以防万一

довóльный ［形容词］*кем-чем* 长尾：*довóльная, довóльное, довóльные*；短尾：*довóлен, довóльна, довóльно, довóльны* 对……感到满意的 довóлен детьми́ 对孩子满意 довóлен жи́знью 对生活满意 довóлен зарплáтой 对工资满意

вы́йти ［完成体］将来时：*вы́йду, вы́йдешь, вы́йдет, вы́йдем, вы́йдете, вы́йдут*；过去时：*вы́шел, вы́шла, вы́шло, вы́шли*//***выходи́ть*** ［未完成体］现在时：*выхожу́, выхóдишь, выхóдит, выхóдим, выхóдите, выхóдят*；过去时：*выходи́л, выходи́ла, выходи́ло, выходи́ли* 走出；来到；（за когó）嫁给 вы́йти из кóмнаты 从房间里走出来 вы́йти из аудитóрии 从教室里走出来 вы́йти на у́лицу 走到街上 вы́йти зáмуж за дирéктора компáнии 嫁给公司经理

зáмуж ［副词］出嫁 вы́йти зáмуж за инженéра 嫁给工程师

компью́терный ［形容词］*компью́терная, компью́терное, компью́терные* 计算机的 компью́терная тéхника 计算机技术

грани́ца ［阴性］单数：*грани́ца, грани́цы, грани́це, грани́цу, грани́цей, о грани́це*；复数：*грани́цы, грани́ц, грани́цам, грани́цы, грани́цами, о грани́цах* 界线；国界 грани́ца мéжду двумя́ стрáнами 两国国界 учи́ться за грани́цей 在国外学习，留学 поéхать за грани́цу 出国

окончáние ［中性］单数：*окончáние, окончáния, окончáнию, окончáние, окончáнием, об окончáнии* 毕业 пóсле окончáнии университéта 大学毕业后

немéцкий ［形容词］*немéцкая, немéцкое, немéцкие* 德国人的 немéцкий язы́к 德语

францу́зский ［形容词］*францу́зская, францу́зское, францу́зские* 法国的；法国人的 францу́зский язы́к 法语

окóнчить ［完成体］*что* 将来时：*окóнчу, окóнчишь, окóнчит, окóнчим, окóнчите, окóнчат*；过去时：*окóнчил, окóнчила, окóнчило, окóнчили*//***окáнчивать***［未

完成体］现在时：*окáнчиваю，окáнчиваешь，окáнчивает，окáнчиваем，окáнчиваете，окáнчивают*；过去时：*окáнчивал，окáнчивала，окáнчивало，окáнчивали* 毕业；结束 окóнчить университéт 大学毕业 окóнчить кýрсы 培训结束 окóнчить рабóту 做完工作 окóнчить доклáд 做完报告

называ́ться ［未完成体］*кем-чем* 现在时：*называ́юсь，называ́ешься，называ́ется，называ́емся，называ́етесь，называ́ются*；过去时：*называ́лся，называ́лась，называ́лось，называ́лись*// ***назва́ться***［完成体］*назову́сь，назовёшься，назовётся，назовёмся，назовётесь，назову́тся*；过去时：*назва́лся，назвала́сь，назва́лось，назва́лись* 名字是，叫做，称做 Этот гóрод называ́ется и́менем герóя. 这座城市以英雄的名字命名。Наш университéт называ́ется Харби́нским политехни́ческим университéтом. 我们学校叫哈尔滨工业大学。

делово́й ［形容词］*делова́я，делово́е，делово́е* 业务的；商务的 делови́е бума́ги 公文 делово́е письмó 商务信函 делова́я жéнщина 事业型女性

докумéнт ［阳性］单数：*докумéнт，докумéнта，докумéнту，докумéнт，докумéнтом，о докумéнте*；复数：*докумéнты，докумéнтов，докумéнтам，докумéнты，докумéнтами，о докумéнтах* 文件；证件 истори́ческий докумéнт 历史性文件，历史文献 делово́й докумéнт 商务文件 провéрить докумéнт 检查证件

интерéс ［阳性］*к чему́* 单数：*интерéс，интерéса，интерéсу，интерéс，интерéсом，об интерéсе* 兴趣 интерéс к мýзыке 对音乐的兴趣 слýшать доклáд с интерéсом 很有兴趣地听报告 читáть без интерéса 无心读书

вид ［阳性］单数：*вид，ви́да，ви́ду，вид，ви́дом，о ви́де* 种类 вид спóрта 体育项目

пла́вание ［中性］单数：*пла́вание，пла́вания，пла́ванию，пла́вание，пла́ванием，о пла́вании* 游泳 шкóла пла́вания 游泳学校 занима́ться пла́ванием 游泳

навеща́ть ［未完成体］*когó-что* 现在时：*навеща́ю，навеща́ешь，навеща́ет，навеща́ем，навеща́ете，навеща́ют*；过去时：*навеща́л，навеща́ла，навеща́ло，навеща́ли*// ***навести́ть*** ［完成体］将来时：*навещу́，навести́шь，навести́т，навести́м，навести́те，навестя́т*；过去时：*навести́л，навести́ла，навести́ло，навести́ли* 看望，拜访 навести́ть шкóлу 回学校看看 навести́ть роди́телей 看望父母 навести́ть друзéй 拜访朋友

иногда́ ［副词］有时 Иногда́ мы встреча́емся. 有时我们会见面。Рукá иногда́ боли́т. 手有时疼。

三、重点词汇

расти́ ［未完成体］现在时：*растý，растёшь，растёт，растём，растёте，растýт*；过去时：*рос，рослá，рослó，росли́*// ***вы́расти*** ［完成体］将来时：*вы́расту，вы́растешь，вы́растет，вы́растем，вы́растете，вы́растут*；过去时：

вы́рос, вы́росла, вы́росло, вы́росли 成长；长大 Де́ти расту́т в счастли́вой семье́. 孩子们生长在幸福的家庭。Когда́ я вы́расту, я ста́ну перево́дчиком. 长大后我要当翻译。

[注意] расти́ 的过去时特殊

дире́ктор [阳性] 单数：*дире́ктор, дире́ктора, дире́ктору, дире́ктора, дире́ктором, о дире́кторе*；复数：*директора́, директоро́в, директора́м, директоро́в, директора́ми, о директора́х* 厂长，校长，经理 дире́ктор фа́брики 厂长 дире́ктор шко́лы 校长 дире́ктор компа́нии 公司经理

[注意] дире́ктор 复数以-а́ 结尾，为 директора́

судьба́ [阴性] 单数：*судьба́, судьбы́, судьбе́, судьбу́, судьбо́й, о судьбе́*；复数：*су́дьбы, су́деб, (суде́б), су́дьбам (судьба́м), су́дьбы, су́дьбами (судьба́ми), о су́дьбах (судьба́х)* 命运 судьба́ челове́ка 一个人的命运 ве́рить в судьбу́ 信命 взять свою́ судьбу́ в ру́ки 把握自己的命运

[注意] судьба́ 复数有两种重音（复数第一格重音前移）

го́лос [阳性] 单数：*голос, го́лоса, го́лосу, го́лос, го́лосом, о го́лосе*；复数：*голоса́, голосо́в, голоса́м, голоса́, голоса́ми о голоса́х* 嗓音；歌喉 узна́ть дру́га по го́лосу 听声音认出朋友 краси́вый го́лос 优美的歌喉

[注意] го́лос 复数以-а́ 结尾，为 голоса́

四、词汇记忆

сотру́дник	职员	employee, staffer
ме́неджер	经理	manager
заме́на	替换	change, changeover
компа́ния	公司	company
встре́ча	见面，遇见	meeting, meet
ИКЕА	宜家	IKEA
фа́брика	工厂	factory, plant, mill
дире́ктор	厂长，校长，经理	director, manager
судьба́	命运	fate, destiny
жизнь	生活	life, lifetime
отде́л	处，部门	department, division
зарпла́та	工资，薪水	salary, wages
ку́рсы	培训班，讲习班	training courses
слу́чай	事件；场合	case, event; occasion
грани́ца	界线；国界	limit; abroad
ви́деться//уви́деться	见面，遇见	to see
расти́//вы́расти	成长；长大	to rise; to grow, go up

жени́ться	(男子)结婚,娶妻	to marry
знако́мить//познако́мить	介绍,使认识	to acquaint, familiarize
пожива́ть	生活;度日	to live
устра́иваться//устро́иться	就业,找到工作;安置(好)	to get a job; to settle
вы́йти (за́муж)	走出;来到;嫁给	to leave; to come; to marry
холосто́й	单身的	single, unmarried
перево́дческий	翻译的	translation
вся́кий	任何一个的;各种各样的	any; every
дово́льный	对……感到满意的	happy, pleased
компью́терный	计算机的	computer, computing
наза́д	向后;以前	ago; backward, backwards
отли́чно	很好;(学习成绩)优秀	perfectly, excellently
обяза́тельно	一定,务必	necessarily
доста́точно	足够,充足	quite, very
норма́льно	正常地	normally
за́муж	出嫁	given in marriage
для	为了	for
во вся́ком слу́чае	无论如何;至少	anyway

оконча́ние	毕业	end, temination
докуме́нт	文件;证件	document, paper
интере́с	兴趣	interest
вид	种类	type, kind
го́лос	嗓音;歌喉	voice
пла́вание	游泳	swimming
ока́нчивать// око́нчить	毕业;结束	to finish; to complete, end
называ́ться// назва́ться	名字是,叫做,称做	to be called, be named
навеща́ть// навести́ть	看望,拜访	to visit
неме́цкий	德国人的	German
францу́зский	法国的,法国人的	French
делово́й	业务的;商务的	business
иногда́	有时	sometimes

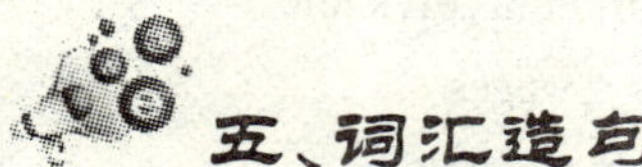

五、词汇造句

наза́д [副词]向后;以前

Мои́ часы́ иду́т бы́стро. Я перевёл их на пять мину́т наза́д.
我的手表走得快,我把它往回拨了五分钟。

Мы прие́хали три ме́сяца наза́д. 我们是三个月前回来的。

· Неде́лю наза́д мы ви́делись. 一周前我们见了一次面。

для [前置词] *кого́-чего́* 为了

Я э́то сде́лаю для вас. 我这么做只是为了你。

Я купи́л сы́ну кни́гу для дете́й. 我给儿子买了儿童读物。

Мы прие́хали для встре́чи. 我们来聚会。

ви́деться//уви́деться [未//完成体] *с кем* 见面,遇见

Мы давно́ не ви́делись. 我们好久没见面了。

Когда́ мы с ва́ми уви́димся? 我们什么时候见面?

отли́чно [副词] 很好

Он у́чится отли́чно. 他学习很好。

[中性] (学习成绩)优秀

Студе́нты сда́ли экза́мен по матема́тике на отли́чно. 大学生们数学都考了五分。

расти́//вы́расти [未//完成体] 成长;长大

Цветы́ расту́т в саду́. 花长在花园里。

Де́ти расту́т в дру́жной семье́. 孩子们在和睦的家庭中成长。

Сыновья́ ско́ро вы́растут. 儿子们很快就长大了。

Когда́ я вы́расту, я ста́ну спортсме́ном. 长大我要当运动员。

жени́ться [未或完成体] *на ком* (男子)结婚,娶妻

Брат не холосто́й, он жени́лся. 弟弟不是单身,他结婚了。

Они́ жени́лись по любви́. 他们恋爱结婚。

Он неда́вно жени́лся на мое́й подру́ге. 不久前他和我的一个朋友结婚了。

знако́мить//познако́мить [未//完成体] *кого́ с кем-чем* 介绍,使认识

Дире́ктор шко́лы познако́мил ученико́в с но́вым учи́телем. 校长向学生们介绍新来的老师。

Друг познако́мил меня́ со свое́й жено́й. 朋友介绍我和他的妻子认识。

Эта кни́га знако́мит ребя́т с компью́тером. 这本书给学生们介绍了计算机知识。

Учи́тель познако́мил дете́й с ито́рией родно́й страны́. 老师们让孩子们了解祖国的历史。

во вся́ком слу́чае [词组] 无论如何;至少

Во вся́ком слу́чае вы мо́жете получи́ть зарпла́ту. 无论如何你们都会收到工资。

Во вся́ком слу́чае сего́дня мы уви́димся. 今天我们无论如何要见一面。

дово́льный [形容词] *кем-чем* 对……感到满意的

Преподава́тель неме́цкого языка́ дово́лен свои́ми студе́нтами. 德语老师对自己的学生很满意。

Сотру́дники компа́нии дово́льны зарпла́той. 公司员工对工资很满意。

Роди́тели дово́льны кварти́рой. 父母对住房很满意。

вы́йти за́муж за кого́ ［词组］出嫁，嫁给……

Сестра́ вы́шла за́муж за инжене́ра. 姐姐嫁给了工程师。

за грани́цей ［词组］在国外

Оте́ц рабо́тает за грани́цей. 父亲在国外工作。

Студе́нт у́чится за грани́цей. 大学生在国外学习。

называ́ться// назва́ться ［未//完成体］*кем-чем* 名字是，叫做，称做

Как называ́ется э́та ры́ба? 这是条什么鱼？

Как э́то называ́ется по-ру́сски? 这用俄语怎么说？

Санкт-Петербу́рг называ́лся Ленингра́дом. 圣彼得堡以前叫列宁格勒。

Улица называ́ется и́менем геро́я. 这条街用英雄的名字命名。

интере́с ［阳性］*к чему́* 兴趣

У меня́ большо́й интере́с к судьбе́ э́того писа́теля. 我对这位作家的命运很感兴趣。

У него́ растёт интере́с к ру́сскому языку́. 他对俄语的兴趣与日俱增。

Ле́кция вы́звала у студе́нтов интере́с к францу́зской литерату́ре. 讲座激发了学生们对法国文学的兴趣。

Де́ти чита́ют с интере́сом. 孩子们津津有味地读书。

Студе́нты слу́шают докла́д без вся́кого интере́са. 学生们对听报告没有任何兴趣。

навеща́ть//навести́ть ［未//完成体］*кого́-что* 看望，拜访

По суббо́там мы навеща́ем роди́телей. 每周六我们去看父母。

Я о́чень рад, что вы меня́ навести́ли. 我很高兴您来看我。

第二课

一、词汇导读

本课有许多固定词组，如 вы́йти за́муж за кого́，за́мужем за кем 等需要记住。

二、词汇注释

семе́йный ［形容词］*семе́йная*，*семе́йное*，*семе́йные* 家庭的 семе́йная жизнь 家庭生活 семе́йный обе́д 家宴

альбо́м ［阳性］单数：*альбо́м*，*альбо́ма*，*альбо́му*，*альбо́м*，*альбо́мом*，*об альбо́ме*；复数：*альбо́мы*，*альбо́мов*，*альбо́мам*，*альбо́мы*，*альбо́мами*，*об альбо́мах* 相册 семе́йный альбо́м 全家相册 альбо́м для фотогра́фий 影集

похо́жий ［形容词］*на кого́-что* 长尾：*похо́жая*，*похо́жее*，*похо́жие*；短尾：*похо́ж*，*похо́жа*，*похо́же*，*похо́жи* 像……的，类似……的 похо́жий на отца́ сын 像父亲的儿子 похо́жая на мать дочь 像母亲的女儿 Двою́родный брат похо́ж на дя́дю. 堂弟长得像叔叔。

рове́сник ［阳性］单数：*рове́сник*，*рове́сника*，*рове́снику*，*рове́сника*，*рове́сником*，*о рове́снике*；复数：*рове́сники*，*рове́сников*，*рове́сникам*，*рове́сников*，*рове́сниками*，*о рове́сниках* 同龄人 Он мой рове́сник. 他是我的同龄人。Я ему́ рове́сник. 我是他的同龄人。Мы с ва́ми почти́ рове́сники，но я ста́рше вас на два го́да. 我们差不多是同龄人，但我比你大两岁。

слу́шай ［命令式］喂，哎

зубно́й ［形容词］*зубна́я*，*зубно́е*，*зубны́е* 牙齿的，牙科的 зубно́й врач 牙医

официа́нтка ［阴性］单数：*официа́нтка*，*официа́нтки*，*официа́нтке*，*официа́нтку*，*официа́нткой*，*об официа́нтке*；复数：*официа́нтки*，*официа́нток*，*официа́нткам*，*официа́нток*，*официа́нтками*，*об официа́нтках*（餐厅的）女服务员 Официа́нтка，ско́лько с нас？服务员，买单！

жена́тый ［形容词］*на ком* 长尾：*жена́тый*，*жена́тые*；短尾：*жена́т*，*жена́ты*（男子）已婚的；（指夫妻）结婚的 жена́тый мужчи́на 已婚男子 Брат жена́т на медсестре́. 弟弟娶了护士为妻。Они́ жена́ты уже́ пять лет. 他们已经结婚五年了。

двою́родный ［形容词］*двою́родная*，*двою́родное*，*двою́родные* 表的；堂的 двою́родная сестра́ 表妹，堂妹

суперма́ркет ［阳性］单数：*суперма́ркет*，*суперма́ркета*，*суперма́ркету*，*суперма́ркет*，*супер-*

ма́ркетом, о суперма́ркете；复数：*суперма́ркеты, суперма́ркетов, суперма́ркетам, суперма́ркеты, суперма́ркетами, о суперма́ркетах* 超市 купи́ть фру́кты в суперма́ркете 在超市买水果

за́мужем ［副词］*за кем* 已嫁人 Она́ за́мужем за ме́неджером фи́рмы. 她嫁给了公司经理。Она́ давно́ за́мужем. 她早就结婚了。Она́ тогда́ ещё не была́ за́мужем. 她那时还未出嫁。

дво́е ［数词］*двои́х, двои́м* 同一或二, *двои́ми, о двои́х* 两个, 二 дво́е дете́й 两个孩子 дво́е ма́льчиков 两个男孩子

тро́е ［数词］*трои́х, трои́м* 同一或二, *трои́ми, о трои́х* 三个, 三 тро́е часо́в 三块手表 тро́е сынове́й 三个儿子

прекра́сный ［形容词］*прекра́сная, прекра́сное, прекра́сные* 非常美的；极好的 прекра́сный конце́рт 完美的音乐会 прекра́сная пого́да 非常好的天气 прекра́сное бу́дущее 美好的未来

забо́тливый ［形容词］*забо́тливая, забо́тливое, забо́тливые* 体贴的 забо́тливая мать 关怀备至的母亲

осо́бенно ［副词］特别, 尤其 осо́бенно жа́рко 特别热 осо́бенно краси́вый го́лос 特别美的声音

вме́шиваться ［未完成体］*во что* 现在时：*вме́шиваюсь, вме́шиваешься, вме́шивается, вме́шиваемся, вме́шиваетесь, вме́шиваются*；过去时：*вме́шивался, вме́шивалась, вме́шивалось, вме́шивались*//***вмеша́ться***［完成体］将来时：*вмеша́юсь, вмеша́ешься, вмеша́ется, вмеша́емся, вмеша́етесь, вмеша́ются*；过去时：*вмеша́лся, вмеша́лась, вмеша́лось, вмеша́лись* 干预 вмеша́ться в дела́ на́шей страны́ 干涉我国内政 вмеша́ться в мою́ жизнь 干涉我的私生活 вмеша́ться в наш разгово́р 干扰我们的谈话

сове́т ［阳性］单数：*сове́т, сове́та, сове́ту, сове́т, сове́том, о сове́те* 建议, 劝告 получи́ть сове́т 得到忠告 дать хоро́ший сове́т 出了一个好主意 Брат дал мне сове́т пое́хать на кани́кулы в дере́вню. 哥哥建议我去农村度假。

те́хника ［阴性］单数：*те́хника, те́хники, те́хнике, те́хнику, те́хникой, о те́хнике* 技术 компью́терная те́хника 计算机技术 совреме́нная те́хника 现代化技术

шути́ть ［未完成体］现在时：*шучу́, шу́тишь, шу́тит, шу́тим, шу́тите, шу́тят*；过去时：*шути́л, шути́ла, шути́ло, шути́ли*//***пошути́ть***［完成体］开玩笑 шути́ть с друзья́ми 和朋友们开玩笑 Он лю́бит шути́ть. 他爱开玩笑。

анекдо́т ［阳性］单数：*анекдо́т, анекдо́та, анекдо́ту, анекдо́т, анекдо́том, об анекдо́те*；复数：*анекдо́ты, анекдо́тов, анекдо́там, анекдо́ты, анекдо́тами, об анекдо́тах* 笑话 рассказа́ть анекдо́ты 讲笑话

пережива́ть ［未完成体］*за кого́-что* 现在时：*пережива́ю, пережива́ешь, пережива́ет, пережива́ем, пережива́ете, пережива́ют*；过去时：*пережива́л, пережива́ла, пережива́ло, пережива́ли* 激动, 不安, 担心 пережива́ть за дете́й 替孩子感到不安 пережива́ть за экза́мен 担心考试

хозя́йка [阴性]单数：*хозя́йка*，*хозя́йки*，*хозя́йке*，*хозя́йку*，*хозя́йкой*，*о хозя́йке*；复数：*хозя́йки*，*хозя́ек*，*хозя́йкам*，*хозя́ек*，*хозя́йками*，*о хозя́йках* 女主人，主妇 забо́тливая хозя́йка 体贴的女主人 Хозя́йка вку́сно гото́вит. 女主人饭做得很好吃。

гото́вить [未完成体] *кого́-что* 现在时：*гото́влю*，*гото́вишь*，*гото́вит*，*гото́вим*，*гото́вите*，*гото́вят*；过去时：*гото́вил*，*гото́вила*，*гото́вило*，*гото́вили*//***пригото́вить***[完成体]准备；做饭 гото́вить уро́ки 准备功课 гото́вить дома́шние зада́ния 做家庭作业 гото́вить обе́д 做饭

бу́дущий [形容词] *бу́дущая*，*бу́дущее*，*бу́дущие* 未来的 бу́дущая рабо́та 未来的工作 бу́дущий год 明年 бу́дущее вре́мя（语法）将来时 прекра́сное бу́дущее 美好的未来 в бу́дущем 将来

балери́на [阴性]单数：*балери́на*，*балери́ны*，*балери́не*，*балери́ну*，*балери́ной*，*о балери́не*；复数：*балери́ны*，*балери́н*，*балери́нам*，*балери́н*，*балери́нами*，*о балери́нах* 芭蕾舞女演员 изве́стная балери́на 著名的女芭蕾舞演员

быва́ть [未完成体]现在时：*быва́ю*，*быва́ешь*，*быва́ет*，*быва́ем*，*быва́ете*，*быва́ют*；过去时：*быва́л*，*быва́ла*，*быва́ло*，*быва́ли* 常有；常去 Быва́ют таки́е лю́ди. 常有这种人。У нас по суббо́там быва́ет ве́чер. 每周六我们都有晚会。По вечера́м я быва́ю до́ма. 晚上我都在家。Он ре́дко быва́ет на конце́рте. 他很少听音乐会。Студе́нты ча́сто быва́ют в гостя́х у свои́х преподава́телей. 大学生常到老师家做客。

что́-нибудь [代词] *чего́-нибудь*，*чему́-нибудь*，*что́-нибудь*，*че́м-нибудь*，*о чём-нибудь* 随便什么 купи́ть что́-нибудь на день рожде́ния 买些东西做生日礼物

получа́ться [未完成体]现在时（第一、二人称不用）：*получа́ется*，*получа́ются*；过去时：*получа́лся*，*получа́лась*，*получа́лось*，*получа́лись*//***получи́ться***[完成体]将来时（第一、二人称不用）：*полу́чится*，*полу́чатся*；过去时：*получи́лся*，*получи́лась*，*получи́лось*，*получи́лись* 结果是，（被）做成 Фотогра́фия получи́лась краси́вая. 照片照得很好看。Блины́ сего́дня у меня́ получи́лись вку́сные. 今天我烙的饼很好吃。

торт [阳性]单数：*торт*，*то́рта*，*то́рту*，*торт*，*то́ртом*，*о то́рте*；复数：*то́рты*，*то́ртов*，*то́ртам*，*то́рты*，*то́ртами*，*о то́ртах* 蛋糕 пить чай с то́ртом 就着蛋糕喝茶

специали́ст [阳性]单数：*специали́ст*，*специали́ста*，*специали́сту*，*специали́ста*，*специали́стом*，*о специали́сте*；复数：*специали́сты*，*специали́стов*，*специали́стам*，*специали́стов*，*специали́стами*，*о специали́стах* 专家 специали́ст по компью́терной те́хнике 计算机专家 специали́ст в торго́вом де́ле 贸易专家 гото́вить специали́стов 培养专家

тради́ция [阴性]单数：*тради́ция*，*тради́ции*，*тради́ции*，*тради́цию*，*тради́цией*，*о тради́ции*；复数：*тради́ции*，*тради́ций*，*тради́циям*，*тради́ции*，*тради́циями*，*о тради́циях* 传统 тради́ция Кита́я 中国传统 истори́ческая тради́ция 历史传统 де́лать по тради́циям 按传统做事 войти́ в тради́цию 成

为传统

пра́вило [中性]单数：*пра́вило*，*пра́вила*，*пра́вилу*，*пра́вило*，*пра́вилом*，*о пра́виле*；复数：*пра́вила*，*пра́вил*，*пра́вилам*，*пра́вила*，*пра́вилами*，*о пра́вилах* 规则；规矩 но́вое пра́вило 新规则 пра́вила языка́ 语言规格 пра́вила шко́лы 学校守则

забо́та [阴性]*о ком-чём* 单数：*забо́та*，*забо́ты*，*забо́те*，*забо́ту*，*забо́той*，*о забо́те* 关心 забо́та о де́тях 关心孩子 забо́та о больны́х 关爱病人

прика́зывать [未完成体]*кому́* 现在时：*прика́зываю*，*прика́зываешь*，*прика́зывает*，*прика́зываем*，*прика́зываете*，*прика́зывают*；过去时：*прика́зывал*，*прика́зывала*，*прика́зывало*，*прика́зывали*//***приказа́ть*** [完成体]将来时：*прикажу́*，*прика́жешь*，*прика́жет*，*прика́жем*，*прика́жете*，*прика́жут*；过去时：*приказа́л*，*приказа́ла*，*приказа́ло*，*приказа́ли* 命令，吩咐 приказа́ть де́тям занима́ться 吩咐孩子们学习 приказа́ть сы́ну купи́ть слова́рь 让儿子去买词典

что́-то [代词]*чего́-то*，*чему́-то*，*что́-то*，*чём-то*，*о чём-то* 某事，(有个)什么东西 вспо́мнить о чём-то 想起什么事情

храни́ть [未完成体]*что* 现在时：*храню́*，*храни́шь*，*храни́т*，*храни́м*，*храни́те*，*храня́т*；过去时：*храни́л*，*храни́ла*，*храни́ло*，*храни́ли* 保存；保持；保守 храни́ть письмо́ 保存信件 храни́ть тради́цию 保持传统 храни́ть секре́ты 保守秘密

секре́т [阳性]单数：*секре́т*，*секре́та*，*секре́ту*，*секре́т*，*секре́том*，*о секре́те*；复数：*секре́ты*，*секре́тов*，*секре́там*，*секре́ты*，*секре́тами*，*о секре́тах* 秘密 семе́йные секре́ты 家庭秘密 храни́ть секре́т 保守秘密 откры́ть секре́т 公开秘密

三、重点词汇

ста́роста [变格]单数：*ста́роста*，*ста́росты*，*ста́росте*，*ста́росту*，*ста́ростой*，*о ста́росте*；复数：*ста́росты*，*ста́рост*，*ста́ростам*，*ста́рост*，*ста́ростами*，*о ста́ростах* 班长，组长 ста́роста кла́сса(中小学)班长 ста́роста гру́ппы(大学)班长

[注意]ста́роста 是阳性名词

медсестра́ [阴性]单数：*медсестра́*，*медсестры́*，*медсестре́*，*медсестру́*，*медсестро́й*，*о медсестре́*；复数：*медсёстры*，*медсестёр*，*медсёстрам*，*медсестёр*，*медсёстрами*，*о медсёстрах* 女护士 молода́я медсестра́ 年轻的护士 ста́ршая медсестра́ 护士长

[注意]медсестра́ 复数(除第二格)重音前移

аэропо́рт [阳性]单数：*аэропо́рт*，*аэропо́рта*，*аэропо́рту*，*аэропо́рт*，*аэропо́ртом*，*об аэропо́рте* (*в аэропорту́*)；复数：*аэропо́рты*，*аэропорто́в*，

аэропортáм, *аэропóрты*, *аэропортáми*, *об аэропортáх* 飞场机 междунарóдный аэропóрт 国际航空港 встрéтить дрýга в аэропортý 在飞机场接朋友

[注意]аэропóрт 与 в 连用时单数第六格为 аэропортý,复数二、三、五、六格重音后移

~~~~~~

везтú [未完成体]*комý в чём* 现在时(无人称):*везёт*;过去时(无人称):*везлó* //***повезтú***[完成体]走运 Мне везёт во всём. 我事事顺心。Сегóдня мне повезлó:я сдал экзáмен по математике. 今天我很走运:数学考试通过了。

[注意]везтú// повезтú 既可以是人称动词也可以是无人称动词,在本课是无人称动词(句中主体用第三格),过去时特殊

проводúть [未完成体]*что* 现在时:*провожý*, *провóдишь*, *провóдит*, *провóдим*, *провóдите*, *провóдят*; 过去时:*проводúл*, *проводúла*, *проводúло*, *проводúли*//***провестú***[完成体]将来时:*проведý*, *проведёшь*, *проведёт*, *проведём*, *проведёте*, *проведýт*; 过去时:*провёл*, *провелá*, *провелó*, *провелú* 度过 провестú прáздник 过节 провестú канúкулы на юге 在南方度假 провестú нéсколько дней с родúтелями 和父母一起呆几天

[注意]провестú 过去时特殊

гарáж [阳性]单数:*гарáж*, *гаражá*, *гаражý*, *гарáж*, *гаражóм*, *о гаражé*;复数:*гаражú*, *гаражéй*, *гаражáм*, *гаражú*, *гаражáми*, *о гаражáх* 车库 Машúна стоúт в гаражé. 汽车停在车库里。

[注意]гарáж 变格时重音后移

принимáть [未完成体]*когó-что* 现在时:*принимáю*, *принимáешь*, *принимáет*, *принимáем*, *принимáете*, *принимáют*;过去时:*принимáл*, *принимáла*, *принимáло*, *принимáли*//***принять***[完成体]将来时:*примý*, *прúмешь*, *прúмет*, *прúмем*, *прúмете*, *прúмут*;过去时:*прúнял*, *принялá*, *прúняло*, *прúняли* 接待,招待:接诊 принять сотрýдников в фúрму 接收员工到公司工作 принять гостéй дóма 在家接待客人 принять больнúх в поликлúнике 在门诊部接诊

[注意]принять 变位特殊,过去时重音变化

прáво [中性]*на что* 单数:*прáво*, *прáва*, *прáву*, *прáво*, *прáвом*, *о прáве*;复数:*правá*, *прав*, *правáм*, *правá*, *правáми*, *о правáх*…… 权利;许可证,证书,执照 прáво на óтдых 休息的权利 прáво на наслéдство 继承权 прáво на бесплáтный проéзд 免费乘车的权利 водúтельские правá 驾驶证

[注意]прáво 复数各格重音后移

печь [未完成体]*что* 现在时:*пекý*, *печёшь*, *печёт*, *печём*, *печёте*, *пекýт*;过去时:*пёк*, *пеклá*, *пеклó*, *пеклú*//***испéчь***[完成体]烤,烙 печь хлеб 烤面包 печь картóшку 烤土豆 печь блины́ 烙饼

[注意]печь 变位和过去时特殊
~~~~~~

блин　　［阳性］单数：*блин, блина́, блину́, блин, блино́м, о блине́*；复数：*блины́, блино́в, блина́м, блины́, блина́ми, о блина́х* 薄饼 печь блины́ 烙饼

［注意］блин 变格时重音后移

四、词汇记忆

альбо́м	相册	album
рове́сник/рове́сница	同龄人	coeval, same age
ста́роста	班长，组长	head, chief, mayor
медсестра́	护士	nurse
официа́нтка	（餐厅的）女服务员	waitress
аэропо́рт	飞机场	airport
суперма́ркет	超市	supermarket
семе́йный	家庭的	family, familial
похо́жий	……的，类似……的	like, similar
зубно́й	牙齿的，牙科的	dental, tooth
жена́тый	（男子）已婚的；（指夫妻）结婚的	married
двою́родный	表的，堂的	cousin
слу́шай	喂，哎	hello
собира́ться//собра́ться	准备；集合	to intend; to gather, meet
за́мужем	已嫁人	married
двое́	两个，二	two, couple
тро́е	三个，三	three

～～～～～～～～～～～～～～～～

сове́т	建议，劝告	advice
те́хника	技术	technology
гара́ж	车库	garage
анекдо́т	笑话	joke
хозя́йка	女主人，主妇	hostess, housewife
балери́на	芭蕾舞女演员	ballerina, ballet dancer
блин	薄饼	pancake, blin
торт	蛋糕	cake
специали́ст	专家	specialist
тради́ция	传统	tradition
пра́вило	规则；规矩	rule, regulation
забо́та	关心	care, concern
секре́т	秘密	secret
пра́во	……权利；许可证，证书，执照	right, permission
прекра́сный	非常美的；极好的	beautiful, wounderful
забо́тливый	体贴的	caring, careful

бу́дущий	未来的	future
везти́//повезти́	走运	to be lucky
вме́шиваться//вмеша́ться	干预	to intervene
проводи́ть//провести́	度过	to spend
шути́ть//пошути́ть	开玩笑	to joke
пережива́ть	激动,不安,担心	to worry, suffer
гото́вить//пригото́вить	准备;做饭	to prepare; to cook
быва́ть	常有;常去	to be; to visit
принима́ть//приня́ть	接待,招待;接诊	to accept; to receive
печь//испе́чь	烤,烙	to bake
получа́ться//получи́ться	结果是,(被)做成	to get
прика́зывать//приказа́ть	命令,吩咐	to tell, instruct
храни́ть	保存;保持;保守	to keep, store, retain
осо́бенно	特别,尤其	especially
что́-нибудь	随便什么	something
что́-то	某事,(有个)什么东西	something

五、词汇造句

похо́жий [形容词] *на кого́-что* 像……的,类似……的

Дочь похо́жа на мать. 女儿长得像母亲。

Бра́тья похо́жи друг на дру́га. 兄弟们长得很像。

собира́ться//собра́ться [未//完成体]准备;集合

Что вы собира́етесь де́лать за́втра? 您明天打算干什么?

Ба́бушка собира́ется е́хать в дере́вню. 奶奶准备去农村。

На вокза́ле собрало́сь мно́го наро́ду. 火车站聚集了很多人。

Завтра́ у́тром мы соберёмся у вхо́да в парк. 明天早上我们在公园门口集合。

жена́тый [形容词] *на ком* 娶……为妻

Инжене́р жена́т на до́чери дире́ктора фа́брики. 工程师娶了厂长的女儿为妻。

Вы жена́ты? 您结婚了吗?

Они́ жена́ты уже́ де́сять лет. 他们已经结婚十年了。

везти́//повезти́ [未//完成体] *кому́* 走运

Ему́ везёт во всём. 他事事顺心。

Мне сего́дня не везёт: боли́т голова́. 我今天不顺心:头疼。

Де́тям повезло́: они́ доста́ли биле́ты на конце́рт. 孩子们运气很好:他们弄到了音乐会的门票。

вме́шиваться//вмеша́ться ［未//完成体］*во что* 干预

Роди́тели вме́шиваются в наш разгово́р. 家长总干预我们的谈话。

Друг вме́шивается в мою́ жизнь. 朋友干预我的私生活。

проводи́ть//провести́ ［未//完成体］*что* 度过

Де́ти прово́дят кани́кулы на ю́ге. 孩子们在南方度假。

Писа́тель провёл свою́ жизнь в дере́вне. 作家在农村度过了一生。

пережива́ть ［未完成体］*за кого́-что* 激动，不安

Роди́тели пережива́ют за дете́й. 家长担心孩子们。

Студе́нты пережива́ют за экза́мен. 学生们很担心考试。

гото́вить//пригото́вить ［未//完成体］*кого́-что* 准备；做饭

По воскресе́ньям ученики́ гото́вят дома́шние зада́ния до́ма. 星期天学生们在家做作业。

Профессора́ гото́вят студе́нтов к экза́менам. 教授帮学生们准备考试。

Медици́нский институ́т гото́вит бу́дущих враче́й. 医学院培养医生。

Хозя́йка хорошо́ гото́вит. 女主人饭做得很好吃。

Оте́ц пригото́вил вку́сный обе́д. 父亲做了美味的午饭。

принима́ть//приня́ть ［未//完成体］*кого́-что* 接待，招待；接诊

В день рожде́ния я при́нял пода́рки. 生日那天我收到了礼物。

Хозя́йка принима́ет госте́й до́ма. 女主人在家接待客人。

Вчера́ но́чью врач при́нял тяжело́ больно́го. 昨天夜里医生接诊了一个重病患者。

получа́ться//получи́ться ［未//完成体］结果是，（被）做成

Блины́ у меня́ сего́дня получи́лись невку́сные. 今天我烙的饼不好吃。

Фотогра́фия получи́лась краси́вая. 照片照得很好看。

прика́зывать//приказа́ть ［未//完成体］*кому́* 命令，吩咐

Дире́ктор приказа́л мне купи́ть для рабо́чих спецоде́жду. 厂长让我给工人们买工作服。

Я не прика́зываю，а прошу́ вас отве́тить на мой вопро́с. 我不是命令，而是请您回答我的问题。

пра́во ［中性］*на что*……权利

Ка́ждый челове́к име́ет пра́во го́лоса. 每个人都有发言权。

Де́ти име́ют пра́во на учёбу. 孩子们有学习的权利。

Ста́рые лю́ди име́ют пра́во на беспла́тный прое́зд. 老年人可以免费乘车。

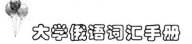

第三课

一、词汇导读

本课动词较多，都是常用重点词汇，需熟练使用。

二、词汇注释

до́льше [比较级]（时间）更长 рабо́тать до́льше 工作的时间更长

продолжа́ться [未完成体]现在时（第一、二人称不用）：*продолжа́ется*，*продолжа́ются*；过去时：*продолжа́лся*，*продолжа́лась*，*продолжа́лось*，*продолжа́лись*// ***продо́лжиться***[完成体]将来时（第一、二人称不用）：*продо́лжится*，*продо́лжатся*；过去时：*продо́лжился*，*продо́лжилась*，*продо́лжилось*，*продо́лжились* 持续；继续 Экза́мен продолжа́ется два часа́. 考试持续了两个小时。Дождь продолжа́ется. 雨还在继续下。

как раз [词组]刚巧 Сейча́с как раз пять часо́в. 现在正好五点钟。Мне э́ти ту́фли как раз. 这双鞋我穿正合适。

ю́го-за́пад [阳性]单数：*ю́го-за́пад*，*ю́го-за́пада*，*ю́го-за́паду*，*ю́го-за́пад*，*ю́го-за́падом*，*о ю́го-за́паде* 西南 ю́го-за́пад на́шей страны́ 我们国家的西南 прие́хать с ю́го-за́пада 从西南来

се́ссия [阴性]单数：*се́ссия*，*се́ссии*，*се́ссии*，*се́ссию*，*се́ссией*，*о се́ссии*；复数：*се́ссии*，*се́ссий*，*се́ссиям*，*се́ссии*，*се́ссиями*，*о се́ссиях* 考试，考期；会议 экзаменацио́нная се́ссия 考期 Се́ссия продолжа́ется две неде́ли. 考期持续两周。нау́чная се́ссия 学术会议

после́дний [形容词] *после́дняя*，*после́днее*，*после́дние* 最后的；最近的，最新的 после́дний уро́к 最后一课 после́дний авто́бус 末班车 после́дний но́мер журна́ла 最近一期杂志 после́дние три го́да 最近三年

грамма́тика [阴性]单数：*грамма́тика*，*грамма́тики*，*грамма́тике*，*грамма́тику*，*грамма́тикой*，*о грамма́тике* 语法 ру́сская грамма́тика 俄语语法

дава́ться [未完成体] *кому́* 现在时（第一、二人称不用）：*даётся*，*даю́тся*；过去时：*дава́лся*，*дава́лась*，*дава́лось*，*дава́лись*// ***да́ться***[完成体]将来时（第一、二人称不用）：*да́стся*，*даду́тся*；过去时：*да́лся*，*дала́сь*，*дало́сь*，*дали́сь* 掌握，学会 Ру́сский язы́к ему́ не даётся. 俄语他学起来很吃力。

пух [阳性]单数：*пух*，*пу́ха*（*пу́ху*），*пу́ху*，*пух*，*пу́хом*，*о пу́хе*（*в пуху́*）绒毛；细毛 пух на руке́ 手上的绒毛 Ни пу́ха ни пера́！祝你成功！

четвёрка [阴性]单数: *четвёрка, четвёрки, четвёрке, четвёрку, четвёркой, о четвёрке*; 复数: *четвёрки, четвёрок, четвёркам, четвёрки, четвёрками, о четвёрках* 四分 получи́ть четвёрку на экза́мене 考试得四分 сдать экза́мен по грамма́тике на четвёрку 语法考四分

чте́ние [中性]单数: *чте́ние, чте́ния, чте́нию, чте́ние, чте́нием, о чте́ние* 阅读 заня́тие по чте́нию 阅读课

ауди́рование [中性]单数: *ауди́рование, ауди́рования, ауди́рованию, ауди́рование, ауди́рованием, об ауди́ровании* 听力训练 заня́тие по ауди́рованию 听力课

жела́ть [未完成体] *кому́ чего́* 现在时: *жела́ю, жела́ешь, жела́ет, жела́ем, жела́ете, жела́ют*; 过去时: *жела́л, жела́ла, жела́ло, жела́ли*// **пожела́ть** [完成体] 祝愿, 希望 жела́ть свобо́ды 希望自由 жела́ть де́нег 希望发财 жела́ть де́тям успе́хов 祝孩子们取得好成绩 жела́ть вам уда́чи 祝您成功 жела́ть сы́ну сча́стья 祝儿子幸福

уда́ча [阴性]单数: *уда́ча, уда́чи, уда́че, уда́чу, уда́чей, об уда́че* 成功 больша́я уда́ча 巨大成功

успе́х [阳性]单数: *успе́х, успе́ха, успе́ху, успе́х, успе́хом, об успе́хе*; 复数: *успе́хи, успе́хов, успе́хам, успе́хи, успе́хами, об успе́хах* 成绩; 成功 успе́хи в нау́ке и те́хнике 科技成就 Он де́лает больши́е успе́хи в учёбе. 他在学习上取得很大成绩。Жела́ю вам успе́хов в рабо́те! 祝您工作顺利!

благодари́ть [未完成体] *кого́ за что* 现在时: *благодарю́, благодари́шь, благодари́т, благодари́м, благодари́те, благодаря́т*; 过去时: *благодари́л, благодари́ла, благодари́ло, благодари́ли*// **поблагодари́ть** [完成体] 感谢 благодари́ть ста́росту гру́ппы 感谢班长 благодари́ть преподава́теля за сове́т 感谢老师的建议 благодари́ть дру́га за по́мощь 感谢朋友的帮助

вычисли́тельный [形容词] *вычисли́тельная, вычисли́тельное, вычисли́тельные* 计算的 вычисли́тельная маши́на 计算机 вычисли́тельная те́хника 计算技术

гуманита́рий [阳性]单数: *гуманита́рий, гуманита́рия, гуманита́рию, гуманита́рия, гуманита́рием, о гуманита́рии*; 复数 *гуманита́рии, гуманита́риев, гуманита́риям, гуманита́риев, гуманита́риями, о гуманита́риях* 人文科学工作者

то́чный [形容词] *то́чная, то́чное, то́чные* 精确的, 准确的; 精密的 то́чный а́дрес 准确地址 то́чная нау́ка 精密科学 то́чное вре́мя 准确时间

нау́ка [阴性]单数: *нау́ка, нау́ки, нау́ке, нау́ку, нау́кой, о нау́ке* 科学 компью́терная нау́ка 计算机科学 нау́ка и те́хника 科学技术

информа́тика [阴性]单数: *информа́тика, информа́тики, информа́тике, информа́тику, информа́тикой, об информа́тике* 信息学 занима́ться информа́тикой 从事信息学

никогда́ [副词] 什么时候也(不), 从来(不) никогда́ не опа́здывать 从不迟到 никогда́ не забы́ть 永不忘记

какóй-нибудь ［代词］*какáя-нибудь*，*какóе-нибудь*，*какúе-нибудь* 不论什么样的

крýпный ［形容词］*крýпная*，*крýпное*，*крýпные* 大型的，大规模的 крýпный гóрод 大城市 крýпная фáбрика 大工厂 крýпная фúрма 大公司

вступúтельный ［形容词］*вступúтельная*，*вступúтельное*，*вступúтельные* 加入的，进入的；引言的 вступúтельные экзáмены в университéт 大学入学考试，高考 вступúтельное слóво 开场白，开幕词

кóнкурс ［阳性］*на что* 单数：*кóнкурс*，*кóнкурса*，*кóнкурсу*，*кóнкурс*，*кóнкурсом*，*о кóнкурсе* 竞赛 кóнкурс по рýсскому языкý 俄语竞赛 подáть рабóту на кóнкурс 提交竞赛作品 кóнкурс на лýчшие сочинéния 优秀作文大赛

отличáться ［未完成体］*чем от когó-чегó* 现在时：*отличáюсь*，*отличáешься*，*отличáется*，*отличáемся*，*отличáетесь*，*отличáются*；过去时：*отличáлся*，*отличáлась*，*отличáлось*，*отличáлись* 与……不同，与……有区别；特点是…… отличáться в рабóте 工作突出 отличáться от друзéй 与朋友们不同 отличáться тяжёлым харáктером 特点是性格难以相处 отличáться тяжёлым харáктером от друзéй 与朋友不同的是性格很难相处

стрóгий ［形容词］*стрóгая*，*стрóгое*，*стрóгие* 严格的 стрóгий дирéктор шкóлы 严格的校长 стрóгий экзáмен 严格的考试

контрóль ［阳性］单数：*контрóль*，*контрóля*，*контрóлю*，*контрóль*，*контрóлем*，*о контрóле* 检查，监督 контрóль рабóты 工作检查 стрóгий контрóль 严格的监督

почýвствовать ［完成体］*что* 将来时：*почýвствую*，*почýвствуешь*，*почýвствует*，*почýвствуем*，*почýвствуете*，*почýвствуют*；过去时：*почýвствовал*，*почýвствовала*，*почýвствовало*，*почýвствовали*//***чýвствовать***［未完成体］感觉，感到 почýвствовать счáстье 感到幸福 почýвствовать свобóду 感到自由

свобóда ［阴性］单数：*свобóда*，*свобóды*，*свобóде*，*свобóду*，*свобóдой*，*о свобóде* 自由 свобóда слов 言论自由 получúть свобóду 获得自由 дать дéтям свобóду 给孩子们自由

готóвиться ［未完成体］*к чемý* 现在时：*готóвлюсь*，*готóвишься*，*готóвится*，*готóвимся*，*готóвитесь*，*готóвятся*；过去时：*готóвился*，*готóвилась*，*готóвилось*，*готóвились* 准备 готóвиться к экзáмену 准备考试 готóвиться к семинáру 准备课堂讨论 готóвиться поступáть в медицúнский институ́т 准备考医学院

семинáр ［阳性］单数：*семинáр*，*семинáра*，*семинáру*，*семинáр*，*семинáром*，*о семинáре*；复数：*семинáры*，*семинáров*，*семинáрам*，*семинáры*，*семинáрами*，*о семинáрах* 课堂讨论 готóвиться к семинáру 准备课堂讨论

бы́стро ［副词］快 Пóезд идёт бы́стро. 火车行驶得很快。Врéмя летúт бы́стро. 时光飞逝。

дискотéка ［阴性］单数：*дискотéка*，*дискотéки*，*дискотéке*，*дискотéку*，*дискотéкой*，*о дискотéке* 迪厅；迪斯科舞会 танцевáть на дискотéке 在迪厅跳舞 По суббóтам у нас бывáет дискотéка. 每周六我们这儿都有迪斯科舞会。

семе́стр ［阳性］单数：*семе́стр, семе́стра, семе́стру, семе́стр, семе́стром, о семе́стре*；复数：*семе́стры, семе́стров, семе́страм, семе́стры, семе́страми, о семе́страх* 学期 про́шлый семе́стр 上学期 В э́том семе́стре я слу́шал ле́кции по матема́тике и фи́зике. 这学期我听了数学和物理讲座。

экзаменацио́нный ［形容词］*экзаменацио́нная, экзаменацио́нное, экзаменацио́нные* 考试的 экзаменацио́нный биле́т 考签 экзаменацио́нная се́ссия 考期

е́ле ［副词］勉强 е́ле сдать экза́мен 勉强通过考试

тро́йка ［阴性］单数：*тро́йка, тро́йки, тро́йке, тро́йку, тро́йкой, о тро́йке*；复数：*тро́йки, тро́ек, тро́йкам, тро́йки, тро́йками, о тро́йках* 三分 получи́ть тро́йку по грамма́тике 语法得 3 分

уда́р ［阳性］单数：*уда́р, уда́ра, уда́ру, уда́р, уда́ром, о уда́ре* 打击 си́льный уда́р 沉重的打击 со́лнечный уда́р 中暑

про́сто ［副词］容易，简单 говори́ть про́сто 说得简单

сло́жный ［形容词］*сло́жная, сло́жное, сло́жные* 复杂的 сло́жная пробле́ма 复杂的问题

регуля́рно ［副词］经常地；定时地 регуля́рно занима́ться спо́ртом 经常锻炼身体 регуля́рно навеща́ть роди́телей 定期看望父母

у́мный ［形容词］*у́мная, у́мное, у́мные* 聪明的 у́мная голова́ 聪明的头脑 у́мный студе́нт 聪明的学生

зада́ние ［中性］单数：*зада́ние, зада́ния, зада́нию, зада́ние, зада́нием, о зада́нии*；复数：*зада́ния, зада́ний, зада́ниям, зада́ния, зада́ниями, о зада́ниях* 任务；作业 сло́жное зада́ние 复杂的任务 дома́шние зада́ния 家庭作业

дипло́м ［阳性］单数：*дипло́м, дипло́ма, дипло́му, дипло́м, дипло́мом, о дипло́ме*；复数：*дипло́мы, дипло́мов, дипло́мам, дипло́мы, дипло́мами, о дипло́мах* 证书；毕业证书 дипло́м инжене́ра 工程师证书 дипло́м профе́ссора 教授证书 дипло́м об оконча́нии университе́та 大学毕业证书

соли́дный ［形容词］*соли́дная, соли́дное, соли́дные* 有声誉的，有名望的；有风度的 соли́дный специали́ст 有声望的专家 соли́дная фи́рма 有声望的公司 соли́дный вид 仪表堂堂

че́рез ［前置词］*что* 经过 че́рез неде́лю 过了一周 пройти́ че́рез лес 穿过森林 мост че́рез ре́ку 跨河的桥

三、词汇重点

молоде́ц ［阳性］单数：*молоде́ц, молодца́, молодцу́, молодца́, молодцо́м, о молодце́*；复数：*молодцы́, молодцо́в, молодца́м, молодцо́в, молодца́ми, о молодца́х* 棒小伙子；好样的，真能干 сме́лый молоде́ц 勇敢的小伙子 Она́ у нас молоде́ц! 她在我们这儿真是好样的！Молоде́ц, что ты верну́лся так бы́стро. 你这么快就回来了，真行！Ребя́та, сего́дня вы хорошо́ отвеча́ли на вопро́сы, молодцы́! 同学们，今天你们问题回答得很好，都是好样的！

[注意]молодéц 变格时-é-脱落,重音后移

труд [阳性]单数:*труд*, *трудá*, *трудý*, *труд*, *трудóм*, *о трудé*;复数:*трудьí*, *трудóв*, *трудáм*, *трудьí*, *трудáми*, *о трудáх* 费力,努力;劳动 большóй труд 很大的努力,费很大的劲 с трудóм 很困难地,吃力地 без вся́кого трудá 毫不费力 прáво на труд 工作的权利 герóй трудá 劳动英雄 жить своúм трудóм 自食其力

[注意]труд 变格时重音后移

перó [中性]单数:*перó*, *перá*, *перý*, *перó*, *перóм*, *о перé*;复数:*пéрья*, *пéрьев*, *пéрьям*, *пéрья*, *пéрьями*, *о пéрьях* 羽毛 перó кýрицы 鸡的羽毛 Ни пýха ни перá! 祝你成功!

[注意]перó 的复数各格特殊

чёрт [阳性]单数:*чёрт*, *чёрта*, *чёрту*, *чёрта*, *чёртом*, *о чёрте*;复数:*чéрти*, *чертéй*, *чертя́м*, *чертéй*, *чертя́ми*, *о чертя́х* 鬼,魔鬼 Чёрт егó знáет.(口语)鬼才知道。К чёрту!(见鬼去吧!)(Ни пýха ни перá! 的应答语)

[注意]чёрт 复数特殊,复数各格重音后移

подáть [完成体]*что* 将来时:*подáм*, *подáшь*, *подáст*, *подадúм*, *подадúте*, *подадýт*;过去时:*пóдал*, *подалá*, *пóдало*, *пóдали*//***подавáть***[未完成体]现在时:*подаю́*, *подаёшь*, *подаёт*, *подаём*, *подаёте*, *подаю́т*;过去时:*подавáл*, *подавáла*, *подавáло*, *подавáли* 提交,呈送;递给,端给 подáть доκумéнт 提交文件 подáть деловы́е бумáги 提交公文 подáть обéд 摆上午饭 подáть кóфе 端上咖啡

[注意]подáть 变位特殊,过去时重音特殊

сторонá [阴性]单数:*сторонá*, *сторонь́і*, *сторонé*, *стóрону*, *сторонóй*, *о сторонé*;复数:*стóроны*, *сторóн*, *сторонáм*, *стóроны*, *сторонáми*, *о сторонáх* 方面,方向 сéверная сторонá 北面 пойтú в рáзные стóроны 各奔东西 приéхать со всех сторóн 从四面八方来 контрóль со стороны́ родúтелей 父母的监督 дéдушка со стороны́ отцá 爷爷

[注意]сторонá 的单数第四格和复数第一格重音前移

四、词汇记忆

молодéц	棒小伙子;好样的,真能干	young man; good, well
ю́го-зáпад	西南	southwest
сéссия	考试,考期;会议	session
граммáтика	语法	grammar
труд	费力,努力;劳动	hard; labour, work
пух	绒毛;细毛	feather, fluff

перó	羽毛	feather, plume
чëрт	鬼，魔鬼	devil
четвëрка	四分	four
чтéние	阅读	reading
аудúрование	听力训练	listening, audition
удáча	成功	good luck
успéх	成绩；成功	success
послéдний	最后的；最迟的，最新的	last; recent
продолжáться//продóлжиться	持续；继续	to continue; to go on
давáться//дáться	掌握，学会	to learn
желáть//пожелáть	祝愿，希望	to wish, want
благодарúть//поблагодарúть	感谢	to thank, praise
дóльше	（时间）更长	longer
как раз	刚巧	just, exactly
Ни пýха ни перá!	祝你一帆风顺！祝你满载而归！	No fluff no feathers!
К чëрту!	见鬼去吧！	To hell!

гуманитáрий	人文科学工作者	humanist
наýка	科学	science
информáтика	信息学	information science
кóнкурс	竞赛	competition, contest
контрóль	检查，监督	control, supervision
сторонá	方面，方向	side
свобóда	自由	freedom, liberty
семинáр	课堂讲座；讲习班	seminar
дискотéка	迪厅；迪斯科舞会	disco, discotheque
семéстр	学期	semester, term
трóйка	三分	three
удáр	打击	strike, attack
задáние	任务；作业	task, job
дипломм	证书；毕业证书	diploma
вычислúтельный	计算的	computation, calculation
тóчный	准确的，精密的	exact, precision
крýпный	大型的，大规模的	large, major
вступúтельный	加入的，进入的；引言的	entrance; introductory
стрóгий	严格的	strict
экзаменациóнный	考试的	exam, examination
слóжный	复杂的	difficult, complicate
ýмный	聪明的	clever, intelligent
солúдный	有声誉的，有名望的；有风度的	respectable; reputable

подава́ть//пода́ть	提交,呈送;递给,端给	to submit;to give
отлича́ться	与……不同,与……有区别;特点是……	to differ,deviate
чу́вствовать//почу́вствовать	感觉,感到	to feel,sense
гото́виться	准备	to prepare
никогда́	什么时候也(不),从来(不)	never,ever
бы́стро	很快	quickly,rapidly
е́ле	勉强	barely,hardly
е́ле-е́ле	十分勉强地	barely
про́сто	容易,简单	simply,merely
регуля́рно	经常地;定时地	regularly
когда́-нибудь	任何的;不论什么样的	ever
че́рез	经过	through
со стороны́	从……方向	from

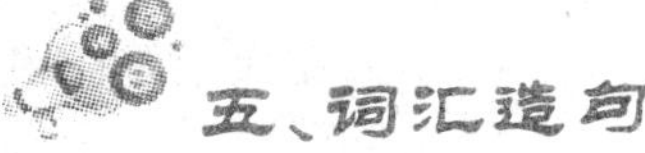

五、词汇造句

дава́ть// да́ться [未//完成体]*кому́* 掌握,学会

Ру́сская грамма́тика ему́ не даётся. 俄语语法他学起来不容易。

Матема́тика де́тям не дала́сь. 孩子们学习数学很吃力。

жела́ть// пожела́ть [未//完成体]*кому́ чего́* 祝愿,希望

Жела́ю вам успе́хов в учёбе! 祝您取得好成绩!

Жела́ю вам уда́чи! 祝您成功!

Жела́ю вам сча́стья в жи́зни! 祝您生活幸福!

благодари́ть// поблагодари́ть [未//完成体]*кого́ за что* 感谢

Благодарю́ вас за забо́ту! 感谢您的关心!

Студе́нты поблагодари́ли профе́ссора за сове́т. 学生们感谢教授给予的建议。

Мать поблагодари́ла сы́на за то, что он сде́лал прекра́сный пода́рок. 母亲感谢儿子给她的好礼物。

Я благодарю́ вас за то, что вы мне помогли́. 感谢您帮助我。

подава́ть//пода́ть [未//完成体]*что* 提交,呈送;递给,端给

Мы по́дали докуме́нты в университе́т. 我们向学校提交了证件。

Сотру́дник по́дал в фи́рму делов́ые пи́сьма. 员工向公

司提交了公务信函。

Хозя́йка подала́ обе́д и пригласи́ла госте́й к столу́. 女主人端上午饭并邀请客人入座。

Я по́дал друзья́м чай и конфе́ты. 我给朋友们端上茶水和糖果。

отлича́ться ［未完成体］*чем от кого́-чего́* 与……不同，与……有区别；特点是……

Этот дом отлича́ется от други́х домо́в в го́роде. 这座房子与城里其他的房子不同。

Эта арти́стка отлича́ется краси́вой фигу́рой. 这个演员的体型很美。

Он отлича́ется от друзе́й мя́гким хара́ктером. 他与朋友们不同的是性格温和。

Он отлича́ется от нас тем，что он роди́лся в кру́пном го́роде. 他与我们不同的是他出生在大城市。

чу́вствовать// почу́вствовать ［未//完成体］*что* 或 *кого́-что каки́м* 感觉，感到

В университе́те я чу́вствую свобо́ду. 我在大学里感到自由。

Я её не слы́шу，но чу́вствую，что она́ здесь. 我听不见她的动静，但能感觉到她在这儿。

Я чу́вствую себя́ счастли́вым. 我感到自己很幸福。

гото́виться ［未完成体］*к чему́* 准备

Де́ти гото́вятся к пра́зднику Весны́. 孩子们正准备过春节。

Я гото́влюсь поступа́ть в техни́ческий университе́т. 我准备考工科大学。

Профе́ссор гото́вится к экзаменацио́нным биле́там. 教授正在准备考签。

Ученики́ гото́вятся к вступи́тельным экза́менам в университе́т. 学生们正在准备高考。

第四课

一、词汇导读

本课的主题与工作和休息有关,要注意时间的表示法。

二、词汇注释

втóрник [阳性]单数:*втóрник, втóрника, втóрнику, втóрник, втóрником, о втóрнике*;复数:*втóрники, втóрников, втóрникам, втóрники, втóрниками, о втóрниках* 星期二 во втóрник 在星期二 по втóрникам 每逢星期二

тáнцы [复数]*тáнцев, тáнцам, тáнцы, тáнцами, о тáнцах* 舞会 танцевáть на дискотéке 在迪斯科舞会上跳舞 По втóрникам в университéте бывáют тáнцы. 每周二学校有舞会。

пя́тница [阴性]单数:*пя́тница, пя́тницы, пя́тнице, пя́тницу, пя́тницей, о пя́тнице*;复数:*пя́тницы, пя́тниц, пя́тницам, пя́тницы, пя́тницами, о пя́тницах* 星期五 в пя́тницу 在星期五 по пя́тницам 每逢周五

официáльно [副词]正式地 официáльно начáть рабóту 正式开始工作

неофициáльно [副词]非正式地 неофициáльно пригласи́ть 非正式邀请

стóлько [数词]那么多;那样 стóлько задáний 那么多作业 стóлько людéй 那么多人

напримéр [插入语]比如说 Я люблю́ рáзные ви́ды спóрта, напримéр, плáвание. 我喜欢各种运动,比如说游泳。

полови́на [阴性]单数:*полови́на, полови́ны, полови́не, полови́ну, полови́ной, о полови́не* 半个;半 полови́на я́блока 半个苹果 полови́на гóда 半年 полови́на вторóго (полвторóго)一点半

оди́ннадцатый [数词]*оди́ннадцатая, оди́ннадцатое, оди́ннадцатые* 第11оди́нnацатый урóк 第11课 полови́на оди́ннацатого 十点半

спорти́вный [形容词]*спорти́вная, спорти́вное, спорти́вные* 体育运动的 спорти́вный зал 体育馆 спорти́вный костю́м 运动服

успевáть [未完成体]现在时:*успевáю, успевáешь, успевáет, успевáем, успевáете, успевáют*;过去时:*успевáл, успевáла, успевáло, успевáли*//***успéть***[完成体]将来时:*успéю, успéешь, успéет, успéем, успéете, успéют*;过去时:*успéл, успéла, успéло, успéли* 来得及 успéть к обéду 赶得上吃饭 успéть на собрáние 来得及开会 успéть написáть доклáд 来得及写完报告 успéть вы́полнить задáчу 来得及完成任务

хозя́йство ［中性］单数：*хозя́йство，хозя́йства，хозя́йству，хозя́йство，хозя́йством，о хозя́йстве* 经济；家务 наро́дное хозя́йство 国民经济 дома́шнее хозя́йство 家务 занима́ться хозя́йством 做家务

то́чно ［副词］准确地 то́чно узна́ть 准确得知 Мои́ часы́ иду́т то́чно. 我的表走得很准。

проверя́ть ［未完成体］*что* 现在时：*проверя́ю，проверя́ешь，проверя́ет，проверя́ем，проверя́ете，проверя́ют*；过去时：*проверя́л，проверя́ла，проверя́ло，проверя́ли*// **прове́рить**［完成体］将来时：*прове́рю，прове́ришь，прове́рит，прове́рим，прове́рите，прове́рят*；过去时：*прове́рил，прове́рила，прове́рило，прове́рили* 检查；审查 проверя́ть маши́ну 检查机械 проверя́ть рабо́ту 检查工作 проверя́ть часы́ 对表

отстава́ть ［未完成体］*от кого́-чего́* 现在时：*отстаю́，отстаёшь，отстаёт，отстаём，отстаёте，отстаю́т*；过去时：*отстава́л，отстава́ла，отстава́ло，отстава́ли*// **отста́ть**［完成体］将来时：*отста́ну，отста́нешь，отста́нет，отста́нем，отста́нете，отста́нут*；过去时：*отста́л，отста́ла，отста́ло，отста́ли* 落后；（表）慢 отста́ть от вре́мени 落后于时代 отста́ть от това́рищей 落后于同学 Часы́ отстаю́т. 表走得慢。

окра́ина ［阴性］单数：*окра́ина，окра́ины，окра́ине，окра́ину，окра́иной，об окра́ине* 边缘；郊区 окра́ина мо́ря 海边 окра́ина го́рода 郊区 жить на окра́ине 住在郊区

у́тренний ［形容词］*у́тренняя，у́треннее，у́тренние* 早晨的 у́тренняя газе́та 晨报 у́тренняя заря́дка 早操

заря́дка ［阴性］单数：*заря́дка，заря́дки，заря́дке，заря́дку，заря́дкой，о заря́дке* 体操 у́тренняя заря́дка 早操 занима́ться заря́дкой 做操

чи́стить ［未完成体］*что* 现在时：*чи́щу，чи́стишь，чи́стит，чи́стим，чи́стите，чи́стят*；过去时：*чи́стил，чи́стила，чи́стило，чи́стили*// **почи́стить**［完成体］使清洁，使干净 чи́стить зу́бы 刷牙 чи́стить ры́бу 清理鱼 чи́стить карто́шку 削土豆皮

душ ［阳性］单数：*душ，ду́ша，ду́шу，душ，ду́шем，о ду́ше* 淋浴 принима́ть душ 洗淋浴 но́мер с ду́шем（宾馆）带淋浴的房间

одева́ться ［未完成体］*во что* 现在时：*одева́юсь，одева́ешься，одева́ется，одева́емся，одева́етесь，одева́ются*；过去时：*одева́лся，одева́лась，одева́лось，одева́лись*// **оде́ться**［完成体］将来时：*оде́нусь，оде́нешься，оде́нется，оде́немся，оде́нетесь，оде́нутся*；过去时：*оде́лся，оде́лась，оде́лось，оде́лись* 穿衣服 оде́ться в вече́рнее пла́тье 穿晚礼服 оде́ться в спорти́вный костю́м 穿运动服

пацие́нт ［阳性］单数：*пацие́нт，пацие́нта，пацие́нту，пацие́нта，пацие́нтом，о пацие́нте*；复数：*пацие́нты，пацие́нтов，пацие́нтам，пацие́нтов，пацие́нтами，о пацие́нтах* 患者 принима́ть пацие́нтов 接诊

приём [阳性]单数:*приём, приёма, приёму, приём, приёмом, о приёме* 接待;接诊 приём докумéнтов 接收文件 приём гостéй 接待客人 приём когó в университéт 录取……上大学 приём пациéнтов 接诊

определённый [形容词]*определённая, определённое, определённые* 固定的 определённая ценá 固定的价格 определённое врéмя 固定的时间

порóй [副词]有时 Порóй бывáет на душé нелегкó. 有时觉得心情很沉重。

обéденный [形容词]*обéденная, обéденное, обéденные* 中午的 обéденный сон 午睡 обéденный óтдых 午休

переры́в [阳性]单数:*переры́в, переры́ва, переры́ву, переры́в, переры́вом, о переры́ве* 暂时休息,间歇 обéденный переры́в 午休 переры́в в занáтиях 课间休息 сдéлать переры́в на дéсять минýт 休息十分钟 говори́ть без переры́ва 不停地说 в переры́ве 在休息时

посещáть [未完成体]*когó-что* 现在时:*посещáю, посещáешь, посещáет, посещáем, посещáете, посещáют*;过去时:*посещáл, посещáла, посещáло, посещáли*//***посети́ть***[完成体]将来时:*посещý, посети́шь, посети́т, посети́м, посети́те, посетя́т*;过去时:*посети́л, посети́ла, посети́ло, посети́ли* 访问,探望;参观 посети́ть писáтеля 拜访作家 посети́ть дрýга 访问朋友 посещáть теáтр 看剧 посещáть лéкции 上课

закáнчиваться [未完成体]现在时:*закáнчиваюсь, закáнчиваешься, закáнчивается, закáнчиваемся, заканчиваетесь, закáнчиваются*;过去时:*закáнчивался, закáнчивалась, закáнчивалось, закáнчивались*//***закóнчиться***[完成体]将来时:*закóнчусь, закóнчишься, закóнчится, закóнчимся, закóнчитесь, закóнчатся*;过去时:*закóнчился, закóнчилась, закóнчилось, закóнчились* 结束 Рабóта закóнчилась. 工作做完了。Заня́тия закáнчиваются в пять часóв. 五点下课。

заходи́ть [未完成体]现在时:*захожý, захóдишь, захóдит, захóдим, захóдите, захóдят*;过去时:*заходи́л, заходи́ла, заходи́ло, заходи́ли*//***зайти́***[完成体]将来时:*зайдý, зайдёшь, зайдёт, зайдём, зайдёте, зайдýт*;过去时:*зашёл, зашлá, зашлó, зашли́* 顺便去;去取(东西) зайти́ в супермáркет 去超市 зайти́ к дрýгу по делáм 有事去朋友那儿 заходи́ть в дéтский сад за ребёнком 去幼儿园接孩子

продýкты [复数]*продýктов, продýктам, продýкты, продýктами, о продýктах* 食品 свéжие продýкты 新鲜食品 купи́ть продýкты на обéд 买午饭吃的食品

переодевáться [未完成体]现在时:*переодевáюсь, переодевáешься, переодевáется, переодевáемся, переодевáетесь, переодевáются*;过去时:*переодевáлся, переодевáлась, переодевáлось, переодевáлись*//***переодéться***[完成体]将来时:*переодéнусь, переодéнешься, переодéнется, переодéнемся, переодéнетесь, переодéнутся*;过去时:*переодéлся, переодéлась, переодéлось, переодéлись* 换衣服 Кáждый день пóсле рабóты медсёстры переодевáются. 每天下班护士都换衣服。

передáча ［阴性］单数：*передáча，передáчи，передáче，передáчу，передáчей，о передáче*；复数：*передáчи，передáч，передáчам，передáчи，передáчами，о передáчах*（电视、广播）节目 спорти́вная передáча 体育节目 передáча для детéй 儿童节目 смотрéть передáчу 看电视节目 слу́шать передáчу 听广播节目

обсуждáть ［未完成体］*что* 现在时：*обсуждáю，обсуждáешь，обсуждáет，обсуждáем，обсуждáете，обсуждáют*；过去时：*обсуждáл，обсуждáла，обсуждáло，обсуждáли*//***обсуди́ть***［完成体］将来时：*обсужу́，обсу́дишь，обсу́дит，обсу́дим，обсу́дите，обсу́дят*；过去时：*обсуди́л，обсуди́ла，обсуди́ло，обсуди́ли* 讨论 обсуди́ть учéбную прогрáмму 讨论教学大纲 обсуди́ть слóжную проблéму 讨论复杂问题

спóрить ［未完成体］*о ком-чём* 现在时：*спóрю，спóришь，спóрит，спóрим，спóрите，спóрят*；过去时：*спóрил，спóрила，спóрило，спóрили*//***поспóрить***［完成体］争论 *спóрить о спóрте* 讨论体育问题 спóрить по нау́чным вопрóсам 争论学术问题

поли́тика ［阴性］单数：*поли́тика，поли́тики，поли́тике，поли́тику，поли́тикой，о поли́тике* 政治 интересовáться поли́тикой 对政治感兴趣 экономи́ческая поли́тика 经济政策

пóзже ［比较级］比较晚 Отéц пришёл домóй пóзже. 父亲回来得比较晚。

三、词汇重点

числó ［中性］单数：*числó，числá，числу́，числó，числóм，о числé*；复数：*чи́сла，чи́сел，чи́слам，чи́сла，чи́слами，о чи́слах* 数字；日期 числó книг 书的数量 большóе числó гостéй 很多客人 пéрвое числó января́ 1 月 1 日 Пя́тое октября́ — День учи́теля в Росси́и. 10 月 5 日是俄罗斯的教师节。

［注意］числó 复数各格重音前移

начинáть ［未完成体］*что*（或接未完成体动词不定式）现在时：*начинáю，начинáешь，начинáет，начинáем，начинáете，начинáют*；过去时：*начинáл，начинáла，начинáло，начинáли*//***начáть***［完成体］将来时：*начну́，начнёшь，начнёт，начнём，начнёте，начну́т*；过去时：*нáчал，началá，нáчало，нáчали* 开始，着手 *начáть лéкцию* 开始上课 начáть рабóту 开始工作 начáть собрáние 开始开会 начáть рабóтать 开始工作 начáть расскáзывать 开始讲述

［注意］начáть 过去时重音变化

чéтверть ［阴性］单数：*чéтверть，чéтверти，чéтверти，чéтверть，чéтвертью，о чéтверти*；复数：*чéтверти，четвертéй，четвертя́м，чéтверти，четвертя́ми，о четвертя́х* 四分之一；一刻钟 чéтверть гóда 三个月 чéтверть оди́ннадцатого 十点十五分

［注意］че́тверть 复数二、三、五、六格重音后移

ма́стер ［阳性］单数：*ма́стер*，*ма́стера*，*ма́стеру*，*ма́стера*，*ма́стером*，*о ма́стере*；复数：*мастера́*，*мастеро́в*，*мастера́м*，*мастеро́в*，*мастера́ми*，*о мастера́х* 师傅，工匠 ма́стер часовы́х дел 钟表匠 ма́стер спо́рта 体育健将 Де́ло ма́стера бои́тся.（谚语）事怕行家。

［注意］ма́стер 复数以-а́ 结尾，复数各格重音后移

начина́ться ［未完成体］现在时（第一、二人称不用）：*начина́ется*，*начина́ются*；过去时：*начина́лся*，*начина́лась*，*начина́лось*，*начина́лись*//***нача́ться***［完成体］将来时（第一、二人称不用）：*начнётся*，*начну́тся*；过去时：*начался́*，*начала́сь*，*начало́сь*，*начали́сь* 开始 Но́вый год начина́ется. 新的一年就要开始了。Ка́ждый день заня́тия начина́ются в во́семь часо́в. 每天八点上课。

［注意］нача́ться 过去时重音特殊

полчаса́ ［阳性］单数：*полчаса́*，*получа́са*，*получа́су*，*полчаса́*，*получа́сом*，*о получа́се* 半小时 че́рез полчаса́ 过半小时 ждать полчаса́ 等半小时

［注意］полчаса́ 是阳性名词，变格特殊

полдня́ ［阳性］单数：*полдня́*，*полу́дня*，*полу́дню*，*полдня́*，*полу́днем*，*о полу́дне* 半日，半天 отдыха́ть полдня́ 休息半天

［注意］полдня́ 变格特殊

но́вость ［阴性］单数：*но́вость*，*но́вости*，*но́вости*，*но́вость*，*но́востью*，*о но́вости*；复数：*но́вости*，*новосте́й*，*новостя́м*，*но́вости*，*новостя́ми*，*о новостя́х* 新闻 спорти́вные но́вости 体育新闻 но́вости дня 每日新闻

［注意］но́вость 的复数第二、三、五、六格重音后移

ложи́ться ［未完成体］现在时：*ложу́сь*，*ложи́шься*，*ложи́тся*，*ложи́мся*，*ложи́тесь*，*ложа́тся*；过去时：*ложи́лся*，*ложи́лась*，*ложи́лось*，*ложи́лись*//***лечь***［完成体］将来时：*ля́гу*，*ля́жешь*，*ля́жет*，*ля́жем*，*ля́жете*，*ля́гут*；过去时：*лёг*，*легла́*，*легло́*，*легли́* 躺下 лечь на стул 躺到椅子上 ложи́ться спать 躺下睡觉

［注意］лечь 变位和过去时特殊

спать ［未完成体］现在时：*сплю*，*спишь*，*спит*，*спим*，*спи́те*，*спят*；过去时：*спал*，*спала́*，*спа́ло*，*спа́ли* 睡觉 собира́ться спать 准备睡觉 ложи́ться спать 躺下睡觉

［注意］спать 过去时重音变化

四、词汇记忆

число́	数字；日期	number; date
вто́рник	星期二	Tuesday
та́нцы	舞会	dancing
пя́тница	星期五	Friday

полови́на	半个;半	half
хозя́йство	经济;家务	economy;household
че́тверть	四分之一;一刻钟	quater;fifteen minutes
спорти́вный	体育的	sport
оди́ннадцатый	第十一	eleventh
начина́ть//нача́ть	开始,着手	to start,begin
успева́ть//успе́ть	来得及	to have enough time
проверя́ть// прове́рить	检查;审查	to check;to inspect
отстава́ть//отста́ть	落后;(表)慢	to pace;to fall behind
официа́льно	正式地	officially
то́чно	准确地	exactly
сто́лько	那么多;那样	many;much;so much
наприме́р	比如说	for example

окра́ина	边缘;郊区	outskipts;suburb
заря́дка	体操	sport exercises
душ	淋浴	shower
полчаса́	半小时	half an hour
пацие́нт	患者	patient
приём	接待;接诊	reception;acceptance
полдня́	半日,半天	half a day
переры́в	暂时休息,间歇	break,interruption
проду́кты	食品	food
переда́ча	(电视,广播)节目	transfer
но́вость	新闻	news
поли́тика	政治	politics
у́тренний	早晨的	morning
определённый	固定的	certain,dentemined
по́здний	(很)晚的	late
обе́денный	中午的	lunch,dinner
начина́ться// нача́ться	开始	to start,beging
чи́стить// почи́стить	使清洁,很干净	to clean
одева́ться/ оде́ться	穿衣服	to dress
посеща́ть// посети́ть	访问,探望;参观	to visit;to attend
зака́нчиваться// зако́нчиться	结束	to finish
заходи́ть//зайти́	顺便去;去取(东西)	to go,come
переодева́ться//переоде́ться	换衣服	to change clothes
обсужда́ть//обсуди́ть	讨论	to discuss
спо́рить// поспо́рить	争论	to argue
ложи́ть// лечь	躺下	to lie down

спать	睡觉	to sleep
поро́й	有时	sometimes
по́зже	比较晚	later

五、词汇造句

начина́ть// нача́ть ［未/完成体］*что*（或接未完成体动词不定式）开始，着手

В пя́тницу мы уже́ на́чали рабо́тать. 星期五我们就开始工作了。

Сего́дня мы начнём пя́тый уро́к. 今天我们开始学第五课。

успева́ть// успе́ть ［未//完成体］来得及

Я успе́ю на заня́тие. 我上课不会迟到。

Мы не успе́ем на по́езд. 我们赶不上火车了。

Я успе́л зако́нчить рабо́ту. 我按时完成了工作。

проверя́ть// прове́рить ［未//完成体］*что* 检查；审查

Ве́чером учи́тель проверя́ет зада́ния ученико́в. 晚上老师批改学生的作业。

Ка́ждый день я проверя́ю часы́ по ра́дио. 每天我都和收音机对表。

отстава́ть// отста́ть ［未//完成体］*от кого́-чего́* 落后；（表）慢

Я отстаю́ от друзе́й в учёбе. 我学习上落后于朋友们。

Ба́бушка отстаёт от вре́мени. 奶奶的生活落后于时代。

Мои́ часы́ то отстаю́т，то спеша́т. 我的表忽慢忽快。

Эти часы́ отстаю́т на одну́ мину́ту. 这块表慢一分钟。

посеща́ть// посети́ть ［未//完成体］*кого́-что* 访问，探望；参观

Де́ти посети́ли изве́стного поэ́та. 孩子们拜访了著名诗人。

Сыновья́ регуля́рно посеща́ют роди́телей. 儿子们定期看望父母。

Ка́ждый день мы посеща́ем заня́тия. 我们每天上课。

Дире́ктор медици́нского институ́та посети́л наш университе́т. 医学院院长访问了我校。

обсужда́ть//обсуди́ть ［未//完成体］*что* 讨论

На собра́нии специали́сты обсуди́ли сло́жные вопро́сы. 会上专家们讨论了复杂的问题。

Мы всей семьёй обсужда́ли，как провести́ кани́кулы. 我们全家一起讨论怎么度假。

спо́рить// поспо́рить ［未//完成体］*о ком-чём* 争论

Студе́нты ча́сто спо́рят о поли́тике. 大学生们经常讨论政治问题。

Арти́сты спо́рят，что на́до де́лать во вре́мя обе́денного

переры́ва. 演员们正在讨论，午休时该干些什么。

ложи́ться// лечь ［未//完成体］躺下

Вчера́ я лёг спать по́зже. 昨天我睡得比较晚。

第五课

一、词汇导读

本课的主题是饮食，注意与饮食有关的动词 прóбовать//попрóбовать，пить，наливáть//налúть 等。

二、词汇注释

переезжáть ［未完成体］*что*（或 *чéрез что*）现在时：*переезжáю*，*переезжáешь*，*переезжáет*，*переезжáем*，*переезжáете*，*переезжáют*；过去时：*переезжáл*，*переезжáла*，*переезжáло*，*переезжáли*//***переéхать***［完成体］将来时：*переéду*，*переéдешь*，*переéдет*，*переéдем*，*переéдете*，*переéдут*；过去时：*переéхал*，*переéхала*，*переéхало*，*переéхали*（乘车等）越过，驶过；搬家 переéхать（чéрез）ýлицу на велосипéде 骑自行车横穿街道 Машúна бы́стро переéхала плóщадь. 汽车迅速通过广场。переéхать в（на）нóвую квартúру 搬进新居 Библиотéка переéхала в нóвый дом. 图书馆搬进新房子。

сéверо-востóк ［阳性］单数：*сéверо-востóк*，*сéверо-востóка*，*сéверо-востóку*，*сéверо-востóк*，*сéверо-востóком*，*о сéверо-востóке* 东北 на сéверо-востóке Китáя 在中国东北 С сéверо-востóка дýет холóдный вéтер. 从东北刮来冷风。

райóн ［阳性］单数：*райóн*，*райóна*，*райóну*，*райóн*，*райóном*，*о райóне*；复数：*райóны*，*райóнов*，*райóнам*，*райóны*，*райóнами*，*о райóнах* 地区 торгóвый райóн 商业区 переéхать в нóвый райóн 搬进新区

зéлень ［阴性］单数：*зéлень*，*зéлени*，*зéлени*，*зéлень*，*зéленью*，*о зéлени* 绿草，绿荫 зéлень сáда 花园的草地

свéтлый ［形容词］*свéтлая*，*свéтлое*，*свéтлые* 明亮的 свéтлая аудитóрия 明亮的教室 свéтлое окнó 明亮的窗户

новосéлье ［中性］单数：*новосéлье*，*новосéлья*，*новосéлью*，*новосéлье*，*новосéльем*，*о новосéлье* 新居；乔迁酒宴 переéхать на новосéлье 搬到新住处 пригласúть друзéй на новосéлье 请朋友们喝乔迁酒

микрорайóн ［阳性］单数：*микрорайóн*，*микрорайóна*，*микрорайóну*，*микрорайóн*，*микрорайóном*，*о микрорайóне*；复数：*микрорайóны*，*микрорайóнов*，*микрорайóнам*，*микрорайóны*，*микрорайóнами*，*о микрорайóнах* 小区 микрорайóн шкóлы 学校小区

ходьбá ［阴性］单数：*ходьбá*，*ходьбы́*，*ходьбé*，*ходьбý*，*ходьбóй*，*о ходьбé* 步 пять минýт ходьбы́ 步行五分钟 спорти́вная ходьба́ 竞走 ходьба́ по магази́нам 逛商店

совсе́м ［副词］完全，十分 совсе́м ма́ло 非常少 совсе́м забы́ть 忘得一干二净

бли́зко ［副词］附近，近 совсе́м бли́зко 非常近 жить бли́зко 住得很近

туале́т ［阳性］单数：*туале́т*，*туале́та*，*туале́ту*，*туале́т*，*туале́том*，*о туале́те*；复数：*туале́ты*，*туале́тов*，*туале́там*，*туале́ты*，*туале́тами*，*о туале́тах* 盥洗室，厕所 мужско́й туале́т 男厕所 же́нский туале́т 女厕所

ва́нная ［阴性］单数：*ва́нная*，*ва́нной*，*ва́нной*，*ва́нную*，*ва́нной*，*о ва́нной*；复数：*ва́нные*，*ва́нных*，*ва́нным*，*ва́нные*，*ва́нными*，*о ва́ннах* 浴室 умыва́ться в ва́нной 在浴室洗脸 чи́стить зу́бы в ва́нной 在浴室刷牙

гости́ная ［阴性］单数：*гости́ная*，*гости́ной*，*гости́ной*，*гости́ную*，*гости́ной*，*о гости́ной*；复数：*гости́ные*，*гости́ных*，*гости́ным*，*гости́ные*，*гости́ными*，*о гости́нах* 客厅 принима́ть госте́й в гости́ной 在客厅招待客人 гости́ная на со́лнечной стороне́ 阳面的客厅

со́лнечный ［形容词］*со́лнечная*，*со́лнечное*，*со́лнечные* 太阳的；晴朗的，有阳光的 Со́лнечный о́стров 太阳岛 со́лнечный уда́р 中暑 ко́мната на со́лнечной стороне́ 阳面的房间 со́лнечная пого́да 晴朗的天气

рад ［用作谓语］*кому́-чему́* 高兴 Рад вас ви́деть. 很高兴见到您。Друзья́ ра́ды встре́че. 朋友们见面很高兴。

перевезти́ ［完成体］*кого́-что* 将来时：*перевезу́*，*перевезёшь*，*перевезёт*，*перевезём*，*перевезёте*，*перевезу́т*；过去时：*перевёз*，*перевезла́*，*перевезло́*，*перевезли́*//***перевози́ть***［未完成体］现在时：*перевожу́*，*перево́зишь*，*перево́зит*，*перево́зим*，*перево́зите*，*перево́зят*；过去时：*перевози́л*，*перевози́ла*，*перевози́ло*，*перевози́ли*（从一处）运到（另一处）перевезти́ ве́щи в но́вую кварти́ру 把东西运到新居 перевезти́ хлеб из дере́вни в го́род 把粮食从农村运到城里

поста́вить ［完成体］*что* 将来时：*поста́влю*，*поста́вишь*，*поста́вит*，*поста́вим*，*поста́вите*，*поста́вят*；过去时：*поста́вил*，*поста́вила*，*поста́вило*，*поста́вили*//***ста́вить***［未完成体］竖立，（竖着）摆放 *поста́вить телеви́зор на сто́лик* 把电视放到茶几上 поста́вить шкаф в у́гол 把柜子摆到墙角 поста́вить кни́ги на этаже́рку 把书摆到书架上

пи́сьменный ［形容词］*пи́сьменная*，*пи́сьменное*，*пи́сьменные* 书写用的；书面的 пи́сьменный стол 写字台 пи́сьменный экза́мен 笔试

этаже́рка ［阴性］单数：*этаже́рка*，*этаже́рки*，*этаже́рке*，*этаже́рку*，*этаже́ркой*，*об этаже́рке*；复数：*этаже́рки*，*этаже́рок*，*этаже́ркам*，*этаже́рки*，*этаже́рками*，*об этаже́рках* 书架 этаже́рка с кни́гами 书架

дива́н ［阳性］单数：*дива́н*，*дива́на*，*дива́ну*，*дива́н*，*дива́ном*，*о дива́не*；复数：*дива́ны*，*дива́нов*，*дива́нам*，*дива́ны*，*дива́нами*，*о дива́нах* 沙发 спать на дива́не 在沙发上睡觉 лечь на дива́н 躺到沙发上 сесть на дива́н 坐到沙发上

гардеро́б ［阳性］单数：*гардеро́б*，*гардеро́ба*，*гардеро́бу*，*гардеро́б*，*гардеро́бом*，*о гардеро́бе*；

复数：*гардерóбы, гардерóбов, гардерóбам, гардерóбы, гардерóбами, о гардерóбах* 衣柜 гардерóб теáтра 剧院的存衣柜

лéвый ［形容词］*лéвая, лéвое, лéвые* 左边的 лéвая сторонá 左面 лéвая рукá 左手

вóдка ［阴性］单数：*вóдка, вóдки, вóдке, вóдку, вóдкой, о вóдке* 伏特加 китáйская вóдка 中国白酒

закýска ［阴性］单数：*закýска, закýски, закýске, закýску, закýской, о закýске* 冷盘；小吃；小菜 холóдная закýска 凉菜 закýска к вóдке 下酒菜 готóвить закýску 做小菜 поставить закýски на стол 把小菜摆上桌

икрá ［阴性］单数：*икрá, икры́, икрé, икрý, икрóй, об икрé* 鱼子酱 крáсная икрá 红鱼子（酱）чёрная икрá 黑鱼子（酱）бутербрóд с икрóй 鱼子三明治

попрóбовать ［完成体］*что* 将来时：*попрóбую, попрóбуешь, попрóбует, попрóбуем, попрóбуете, попрóбуют*；过去时：*попрóбовал, попрóбовала, попрóбовало, попрóбовали*//***прóбовать***［未完成体］品尝；尝试 прóбовать закýску 尝小菜 прóбовать салáт 尝沙拉 прóбовать гóлос 试嗓子 прóбовать отвéтить на вопрóс 试着回答问题

краб ［阳性］单数：*краб, крáба, крáбу, крáба, крáбом, о крáбе*；复数：*крáбы, крáбов, крáбам, крáбов, крáбами, о крáбах* 螃蟹 салáт с крáбами 螃蟹沙拉

хвати́ть ［完成体］*комý чегó* 将来时（第一、二人称不用）：*хвáтит, хвáтят*；过去时：*хвати́л, хвати́ла, хвати́ло, хвати́ли*//***хватáть***［未完成体］现在时（第一、二人称不用）：*хватáет, хватáют*；过去时：*хватáл, хватáла, хватáло, хватáли* 足够，够用 хватáть учителéй 老师够了 хватáть дéнег 钱足够 Емý не хватáет дéнег на дорóгу. 他的路费不够。

тост ［阳性］单数：*тост, тóста, тóсту, тост, тóстом, о тóсте*；复数：*тóсты, тóстов, тóстам, тóсты, тóстами, о тóстах* 祝酒词；祝酒 тост за встрéчу 为见面举杯 тост за успéх в рабóте 为工作中的成绩而干杯

аппети́т ［阳性］单数：*аппети́т, аппети́та, аппети́ту, аппети́т, аппети́том, об аппети́те* 食欲，胃口 У негó нет аппети́та. 他没有食欲。Прия́тного аппети́та！祝胃口好！

горя́чий ［形容词］*горя́чая, горя́чее, горя́чие* 热的，热烈的；忙碌的 горя́чий душ 热水淋浴 горя́чий чай 热茶 горя́чее блю́до 热菜 горя́чий приём 热情的接待 горя́чая порá 忙碌的时间 горя́чая рабóта 忙碌的工作

фи́рменный ［形容词］*фи́рменная, фи́рменное, фи́рменные* 招牌的，最拿手的 фи́рменное блю́до 拿手菜

солёный ［形容词］*солёная, солёное, солёные* 腌的；咸的 солёное óзеро 咸水湖 солёная ры́ба 咸鱼 солёные огурцы́ 腌酸黄瓜

беспокóиться ［未完成体］*за когó* 或 *о ком-чём* 现在时：*беспокóюсь, беспокóишься, беспокóится, беспокóимся, беспокóитесь, беспокóятся*；过去时：*беспокóился, беспокóилась, беспокóилось, беспокóились* 担心；费心 беспокóиться за детéй 担心孩子 беспокóиться об экзáмене 担心考试

дáма ［阴性］单数：*дáма, дáмы, дáме, дáму, дáмой, о дáме*；复数：*дáмы, дам,* *да́мам, дам, да́мами, о да́мах* 女士 Сего́дня мы не пригласи́ли дам. 今天我们没邀请女宾。

дру́жба [阴性]单数:*дру́жба, дру́жбы, дру́жбе, дру́жбу, дру́жбой, о дру́жбе* 友谊 тост за дру́жбу 为友谊举杯 пить за дру́жбу 为友谊干杯

по-грузи́нски [副词]格鲁吉亚式的 говори́ть по-грузи́нски 说格鲁吉亚语 мя́со по-грузи́нски 格鲁吉亚烤肉

из-за [前置词]*кого́-чего́* 从……后面,从……外边 встать из-за стола́ 从桌子后边站起来 верну́ться из-за грани́цы 从国外回来

найти́ [完成体]*кого́-что* 将来时:*найду́, найдёшь, найдёт, найдём, найдёте, найду́т*;过去时:*нашёл, нашла́, нашло́, нашли́*//***находи́ть***[未完成体]现在时:*нахожу́, нахо́дишь, нахо́дит, нахо́дим, нахо́дите, нахо́дят*;过去时:*находи́л, находи́ла, находи́ло, находи́ли* 找到,捡到 найти́ дру́жбу 找到友谊 найти́ друзе́й 找到朋友 найти́ де́ньги на у́лице 在街上捡到钱

лифт [阳性]单数:*лифт, ли́фта, ли́фту, лифт, ли́фтом, о ли́фте*;复数:*ли́фты, ли́фтов, ли́фтам, ли́фты, ли́фтами, о ли́фтах* 电梯 е́хать на ли́фте 乘电梯 подня́ться на ли́фте на пя́тый эта́ж 乘电梯上五楼

обра́доваться [完成体]*кому́-чему* 将来时:*обра́дуюсь, обра́дуешься, обра́дуется, обра́дуемся, обра́дуетесь, обра́дуются*;过去时:*обра́довался, обра́довалась, обра́довалось, обра́довались*//***ра́доваться***[未完成体]感到高兴 ра́доваться встре́че 为见面感到高兴 ра́доваться успе́хам в рабо́те 对工作成绩感到高兴

привезти́ [完成体]*кого́-что* 将来时:*привезу́, привезёшь, привезёт, привезём, привезёте, привезу́т*;过去时:*привёз, привезла́, привезло́, привезли́*//***привози́ть***[未完成体]现在时:*привожу́, приво́зишь, приво́зит, приво́зим, приво́зите, приво́зят*;过去时:*привози́л, привози́ла, привози́ло, привози́ли* 运来,(乘车飞机等)带来 привезти́ ве́щи 把东西运来 привезти́ отца́ в больни́цу на такси́ 用出租车把父亲送到医院 привезти́ фру́кты в го́род 把水果运到城里

просто́рный [形容词]*просто́рная, просто́рное, просто́рные* 宽敞的 просто́рная кварти́ра 宽敞的住宅 просто́рная ку́хня 宽敞的厨房

повести́ [完成体]*кого́-что* 将来时:*поведу́, поведёшь, поведёт, поведём, поведёте, поведу́т*;过去时:*повёл, повела́, повело́, повели́* 领着走 повести́ дете́й в де́тский сад 领孩子去幼儿园

кре́сло [中性]单数:*кре́сло, кре́сла, кре́слу, кре́сло, кре́слом, о кре́сле*;复数:*кре́сла, кре́сел, кре́слам, кре́сла, кре́слами, о кре́слах* 软椅,圈椅 сесть в кре́сло 坐到圈椅上

сто́лик [阳性]单数:*сто́лик, сто́лика, сто́лику, сто́лик, сто́ликом, о сто́лике*;复数:*сто́лики, сто́ликов, сто́ликам, сто́лики, сто́ликами, о сто́ликах* 小桌,茶几 поста́вить цветы́ на сто́лик 把鲜花摆到茶几上

посреди́ [前置词] *кого́-чего́* 在……中间 посреди́ ко́мнаты 在房间中间

балко́н [阳性] 单数: *балко́н, балко́на, балко́ну, балко́н, балко́ном, о балко́не*; 复数: *балко́ны, балко́нов, балко́нам, балко́ны, балко́нами, о балко́нах* 阳台 ко́мната с балко́ном 带阳台的房间

у́зкий [形容词] *у́зкая, у́зкое, у́зкие* 窄的; 过瘦的 у́зкая крова́ть 窄的床 у́зкая у́лица 狭窄的街道 у́зкое пла́тье 瘦裙子 у́зкие брю́ки 瘦裤子

крова́ть [阴性] 单数: *крова́ть, крова́ти, крова́ти, крова́ть, крова́тью, о крова́ти*; 复数: *крова́ти, крова́тей, крова́тям, крова́ти, крова́тями, о крова́тях* 床 сесть на крова́ть 坐到床上 спать на крова́ти 在床上睡觉 встать с крова́ти 起床

па́пка [阴性] 单数: *па́пка, па́пки, па́пке, па́пку, па́пкой, о па́пке*; 复数: *па́пки, па́пок, па́пкам, па́пки, па́пками, о па́пках* 文件夹 па́пка для бума́г 公文夹 па́пка докуме́нтов 文件夹

ви́дно [用作谓语] *кого́-что* 看得出, 显然 из окна́ ви́дно го́ру 从窗口看得见山 Ви́дно, что он студе́нт. 看得出, 他是一名大学生。

накры́ть [完成体] *что* 或 *на что* 将来时: *накро́ю, накро́ешь, накро́ет, накро́ем, накро́ете, накро́ют*; 过去时: *накры́л, накры́ла, накры́ло, накры́ли*// ***накрыва́ть*** [未完成体] 现在时: *накрыва́ю, накрыва́ешь, накрыва́ет, накрыва́ем, накрыва́ете, накрыва́ют*; 过去时: *накрыва́л, накрыва́ла, накрыва́ло, накрыва́ли* 蒙上, 盖上 накры́ть ла́мпу газе́той 用一张报纸盖上灯 накры́ть на стол 把饭菜摆到桌上

таре́лка [阴性] 单数: *таре́лка, таре́лки, таре́лке, таре́лку, таре́лкой, о таре́лке*; 复数: *таре́лки, таре́лок, таре́лкам, таре́лки, таре́лками, о таре́лках* 盘子 положи́ть хлеб на таре́лку 把面包放到盘子里 нали́ть суп в таре́лку 把汤盛到盘子里

ви́лка [阴性] 单数: *ви́лка, ви́лки, ви́лке, ви́лку, ви́лкой, о ви́лке*; 复数: *ви́лки, ви́лок, ви́лкам, ви́лки, ви́лками, о ви́лках* 叉子 пода́ть ви́лку го́стю 把叉子给客人 Ру́сские едя́т ви́лкой и ножо́м. 俄罗斯人用刀叉进餐。

овощно́й [形容词] *овощна́я, овощно́е, овощны́е* 蔬菜的 овощно́й сала́т 蔬菜沙拉 овощно́й суп 蔬菜汤

ры́бный [形容词] *ры́бная, ры́бное, ры́бные* 鱼的 ры́бный сала́т 鱼肉沙拉 ры́бное хозя́йство 渔业

посади́ть [完成体] *кого́-что* 将来时: *посажу́, поса́дишь, поса́дит, поса́дим, поса́дите, поса́дят*; 过去时: *посади́л, посади́ла, посади́ло, посади́ли*// ***сажа́ть*** [未完成体] 现在时: *сажа́ю, сажа́ешь, сажа́ет, сажа́ем, сажа́ете, сажа́ют*; 过去时: *сажа́л, сажа́ла, сажа́ло, сажа́ли* 让……坐下; 种植 посади́ть больно́го на крова́ть 把病人扶到床上 посади́ть ребёнка в кре́сло 把孩子放到圈椅上 посади́ть цветы́ на балко́нах 在阳台上养花 посади́ть де́рево в саду́ 在花园里种树

десе́рт [阳性] 单数: *десе́рт, десе́рта, десе́рту, десе́рт, десе́ртом, о десе́рте* 甜品 пода́-

ть десе́рт 端上甜品

расспра́шивать ［未完成体］*кого́ о ком-чём* 现在时：*расспра́шиваю*，*расспра́шиваешь*，*расспра́шивает*，*расспра́шиваем*，*расспра́шиваете*，*расспра́шивают*；过去时：*расспра́шивал*，*расспра́шивала*，*расспра́шивало*，*расспра́шивали*//***расспроси́ть***［完成体］将来时：*расспрошу́*，*расспро́сишь*，*расспро́сит*，*расспро́сим*，*расспро́сите*，*расспро́сят*；过去时：*расспроси́л*，*расспроси́ла*，*расспроси́ло*，*расспроси́ли* 详细询问 расспроси́ть студе́нта об учёбе 问学生学习情况 расспроси́ть тури́ста о пое́здке 问旅行者行程

обме́ниваться ［未完成体］*кем-чем* 现在时：*обме́ниваюсь*，*обме́ниваешься*，*обме́нивается*，*обме́ниваемся*，*обме́ниваетесь*，*обме́ниваются*；过去时：*обме́нивался*，*обме́нивалась*，*обме́нивалось*，*обме́нивались*//***обменя́ться***［完成体］将来时：*обменя́юсь*，*обменя́ешься*，*обменя́ется*，*обменя́емся*，*обменя́етесь*，*обменя́ются*；过去时：*обменя́лся*，*обменя́лась*，*обменя́лось*，*обменя́лись* 交流，交换 обменя́ться о́пытом 交流经验 обменя́ться фотогра́фиями 交换照片 обменя́ться студе́нтами 交换学生

впечатле́ние ［中性］单数：*впечатле́ние*，*впечатле́ния*，*впечатле́нию*，*впечатле́ние*，*впечатле́нием*，*о впечатле́нии*；复数：*впечатле́ния*，*впечатле́ний*，*впечатле́ниям*，*впечатле́ния*，*впечатле́ниями*，*о впечатле́ниях* 印象 обменя́ться впечатле́ниями 交流印象

уходи́ть ［未完成体］现在时：*ухожу́*，*ухо́дишь*，*ухо́дит*，*ухо́дим*，*ухо́дите*，*ухо́дят*；过去时：*уходи́л*，*уходи́ла*，*уходи́ло*，*уходи́ли*//***уйти́***［完成体］将来时：*уйду́*，*уйдёшь*，*уйдёт*，*уйдём*，*уйдёте*，*уйду́т*；过去时：*ушёл*，*ушла́*，*ушло́*，*ушли́* 离开，走开 уйти́ с рабо́ты 下班 уйти́ на рабо́ту 上班

поблагодари́ть ［完成体］*кого́ за что* 将来时：*поблагодарю́*，*поблагодари́шь*，*поблагодари́т*，*поблагодари́м*，*поблагодари́те*，*поблагодаря́т*；过去时：*поблагодари́л*，*поблагодари́ла*，*поблагодари́ло*，*поблагодари́ли*//***благодари́ть***［未完成体］感谢 поблагодари́ть преподава́теля за подде́ржку 感谢老师的支持 поблагодари́ть дру́га за по́мощь 感谢朋友的帮助

попроща́ться ［完成体］*с кем-чем* 将来时：*попроща́юсь*，*попроща́ешься*，*попроща́ется*，*попроща́емся*，*попроща́етесь*，*попроща́ются*；过去时：*попроща́лся*，*попроща́лась*，*попроща́лось*，*попроща́лись* 告辞，告别 попроща́ться с хозя́ином 和主人告别

三、词汇重点

добра́ться ［完成体］*до чего́* 将来时：*доберу́сь*，*доберёшься*，*доберётся*，*доберёмся*，*доберётесь*，*доберу́тся*；过去时：*добра́лся*，*добрала́сь*，*добрало́сь*，*добрали́сь*//***добира́ться***［未完成体］现在时：*добира́юсь*，*добира́ешься*，*добира́ется*，*добира́емся*，*добира́етесь*，*добира́ются*；过去时：*добира́лся*，*добира́лась*，

добира́лось，*добира́лись* 到达 е́ле добра́ться до́ дому 勉强到家 добра́ться до микрорайо́на 到达小区

［注意］добра́ться 过去时重音特殊

вещь ［阴性］单数：*вещь*，*ве́щи*，*ве́щи*，*вещь*，*ве́щью*，*о ве́щи*；复数：*ве́щи*，*веще́й*，*веща́м*，*ве́щи*，*веща́ми*，*о веща́х* 物品，东西 дороги́е ве́щи 贵重的东西 перевезти́ ве́щи 运送东西

［注意］вещь 的复数第二、三、五、六格重音后移

у́гол ［阳性］单数：*у́гол*，*угла́*，*углу́*，*у́гол*，*угло́м*，*об угле́*（*в*，*на углу́*）拐角，拐弯处 у́гол стола́ 桌角 в углу́ ко́мнаты 在房间的拐角 сесть в у́гол 坐在角落里 на углу́ у́лицы 在街角

［注意］у́гол 变格时-о-脱落，重音后移，на 和 в 与 у́гол 连用时第六格为 углу́

сади́ться ［未完成体］现在时：*сажу́сь*，*сади́шься*，*сади́тся*，*сади́мся*，*сади́тесь*，*садя́тся*；过去时：*сади́лся*，*сади́лась*，*сади́лось*，*сади́лись*//***сесть***［完成体］将来时：*ся́ду*，*ся́дешь*，*ся́дет*，*ся́дем*，*ся́дете*，*ся́дут*；过去时：*сел*，*се́ла*，*се́ло*，*се́ли* 坐，坐下；乘上 сесть на дива́н 坐到沙发上 сесть на стул 坐到椅子上 сесть на деся́тый трамва́й 坐十路有轨电车 сесть отдохну́ть 坐下来休息

пить ［未完成体］*что* 现在时：*пью*，*пьёшь*，*пьёт*，*пьём*，*пьёте*，*пьют*；过去时：*пил*，*пила́*，*пи́ло*，*пи́ли* 喝，饮 пить во́ду 喝水 пить во́дку 喝伏特加 пить конья́к 喝白兰地 пить стака́н молока́ 喝一杯牛奶

коньяк ［阳性］单数：*коньяк*，*коньяка́*（*коньяку́*），*коньяку́*，*коньяк*，*коньяко́м*，*о коньяке́* 白兰地 пить коньяк 喝白兰地

［注意］коньяк 变格时重音后移

вино́ ［中性］单数：*вино́*，*вина́*，*вину́*，*вино́*，*вино́м*，*о вине́*；复数：*ви́на*，*вин*，*ви́нам*，*ви́на*，*ви́нами*，*о ви́нах* 葡萄酒 бе́лое вино́ 白葡萄酒 кра́сное вино́ 红葡萄酒

［注意］вино́ 复数各格重音前移

гриб ［阳性］单数：*гриб*，*гриба́*，*грибу́*，*гриб*，*грибо́м*，*о грибе́*；复数：*грибы́*，*грибо́в*，*гриба́м*，*грибы́*，*гриба́ми*，*о гриба́х* 蘑菇 суп с гриба́ми 蘑菇汤

［注意］гриб 变格时重音后移

класть ［未完成体］*что* 现在时：*кладу́*，*кладёшь*，*кладёт*，*кладём*，*кладёте*，*кладу́т*；过去时：*клал*，*кла́ла*，*кла́ло*，*кла́ли*//***положи́ть***［完成体］将来时：*положу́*，*поло́жишь*，*поло́жит*，*поло́жим*，*поло́жите*，*поло́жат*；过去时：*положи́л*，*положи́ла*，*положи́ло*，*положи́ли* 平放；放入；盛（饭等），往（食物里）加，放 положи́ть ребёнка на дива́н 把孩子放到沙发上 положи́ть кни́гу на стол 把书放到桌子上 положи́ть ве́щи в шкаф 把东西放到柜子里 положи́ть сала́т на блю́до 把凉菜盛到盘子里 положи́ть са́хар в чай 往茶里放糖

［注意］класть 变位特殊

ку́рица ［阴性］单数：*ку́рица*，*ку́рицы*，*ку́рице*，*ку́рицу*，*ку́рицей*，*о ку́рице*；复数：*ку́ры*，*кур*，*ку́рам*，*кур*，*ку́рами*，*о ку́рах* 鸡，鸡肉 ку́рица с анана́сом 菠萝鸡肉

［注意］ку́рица 复数各格特殊

подня́ться ［完成体］将来时：*подниму́сь*，*подни́мешься*，*подни́мется*，*подни́мемся*，*подни́метесь*，*подни́мутся*；过去时：*подня́лся*，*подняла́сь*，*подняло́сь*，*подняли́сь*//**поднима́ться**［未完成体］现在时：*поднима́юсь*，*поднима́ешься*，*поднима́ется*，*поднима́емся*，*поднима́етесь*，*поднима́ются*；过去时：*поднима́лся*，*поднима́лась*，*поднима́лось*，*поднима́лись* 登上；上升 поднима́ться на ли́фте на пя́тый эта́ж 乘电梯上五楼 подня́ться с дива́на 从沙发上站起来 Температу́ра поднялáсь. 温度上升了。

［注意］подня́ться 变位特殊，过去时重音变化

нали́ть ［完成体］*что* 将来时：*налью́*，*нальёшь*，*нальёт*，*нальём*，*нальёте*，*нальют*；过去时：*нали́л*，*налила́*，*нали́ло*，*нали́ли*//**налива́ть**［未完成体］现在时：*налива́ю*，*налива́ешь*，*налива́ет*，*налива́ем*，*налива́ете*，*налива́ют*；过去时：*налива́л*，*налива́ла*，*налива́ло*，*налива́ли* 倒，斟 нали́ть во́дку 倒伏特加 нали́ть коньяк 倒白兰地 нали́ть вино́ 倒葡萄酒

［注意］нали́ть 变位特殊，过去时重音变化

вы́пить ［完成体］*что* 将来时：*вы́пью*，*вы́пьешь*，*вы́пьет*，*вы́пьем*，*вы́пьете*，*вы́пьют*；过去时：*вы́пил*，*вы́пила*，*вы́пило*，*вы́пили*//**выпива́ть**［未完成体］现在时：*выпива́ю*，*выпива́ешь*，*выпива́ет*，*выпива́ем*，*выпива́ете*，*выпива́ют*；过去时：*выпива́л*，*выпива́ла*，*выпива́ло*，*выпива́ли* 喝下；喝酒，干杯 вы́пить чай 喝茶 вы́пить пи́во 喝啤酒 вы́пить за дру́жбу 为友谊干杯

［注意］вы́пить 变位特殊

пиро́г ［阳性］单数：*пиро́г*，*пирога́*，*пирогу́*，*пиро́г*，*пирого́м*，*о пироге́*；复数：*пироги́*，*пирого́в*，*пирога́м*，*пироги́*，*пирога́ми*，*о пирога́х* 馅饼 печь пироги́ 烙馅饼

［注意］пиро́г 变格时重音后移

убира́ть ［未完成体］*что* 现在时：*убира́ю*，*убира́ешь*，*убира́ет*，*убира́ем*，*убира́ете*，*убира́ют*；过去时：*убира́л*，*убира́ла*，*убира́ло*，*убира́ли*//**убра́ть**［完成体］将来时：*уберу́*，*уберёшь*，*уберёт*，*уберём*，*уберёте*，*уберу́т*；过去时：*убра́л*，*убрала́*，*убра́ло*，*убра́ли* 拿开，拿走；收割；收拾 убра́ть вещь из ко́мнаты 把东西从房间里收拾走 убра́ть со стола́ 收拾餐桌 убира́ть о́вощи 收割蔬菜 убира́ть крова́ть 收拾床铺

［注意］убра́ть 过去时重音变化

пора́ ［阴性］单数：*пора́*，*поры́*，*поре́*，*по́ру*，*поро́й*，*о поре́*；复数：*по́ры*，*пор*，*пора́м*，*по́ры*，*пора́ми*，*о пора́х* 时候；时刻 рабо́чая пора́ 工作时间 горя́чая пора́ 繁忙的季节 счастли́вая пора́ 幸福时刻

［注意］пора́ 的单数第四格和复数第一格重音前移

проводи́ть ［完成体］*кого́-что* 将来时：*провожу́*，*прово́дишь*，*прово́дит*，*прово́дим*，*прово́дите*，*прово́дят*；过去时：*проводи́л*，*проводи́ла*，*проводи́ло*，*проводи́ли*//**провожа́ть**［未完成体］现在时：*провожа́ю*，*провожа́ешь*，*провожа́ет*，*провожа́ем*，*провожа́ете*，*провожа́ют*；过去时：*провожа́л*，*провожа́-*

ла, *провожа́ло*, *провожа́ли* 送行 проводи́ть госте́й до вокза́ла 把客人送到火车站

［注意］проводи́ть 意思是“送行”时是完成体，провожа́ть 是未完成体。проводи́ть 意思是“度过”时（见第 2 课）是未完成体，对应的完成体是провести́

四、词汇记忆

се́веро-восто́к	东北	north-east
райо́н	地区	area, region
зе́лень	绿草，绿阴	green, herb
новосе́лье	新居；乔迁酒宴	new home; housewarming party
микрорайо́н	小区	microdictrict
ходьба́	步行	walk
туале́т	盥洗室，厕所	toilet, restroom
ва́нная	浴室	bathroom
гости́ная	客厅	living room, drawing room
вещь	物品，东西	thing
этаже́рка	书架	shelf
дива́н	沙发	sofa
гардеро́б	衣柜	ward robe
у́гол	拐角，拐弯处	corner
во́дка	伏特加酒	vodka
конья́к	白兰地	cognac, brandy
вино́	葡萄酒	wine
заку́ска	冷盘；小吃；小菜	snack, starler, dish
икра́	鱼子酱	caviar, roe
краб	螃蟹	crab
гриб	蘑菇	mushroom
тост	祝酒词；祝酒	toast
аппети́т	食欲，胃口	appetite
блю́до	菜肴	dish, plate
да́ма	女士	lady
дру́жба	友谊	friendship
ку́рица	鸡，鸡肉	chicken, hen
све́тлый	明亮的	light, bright
со́лнечный	太阳的；晴朗的，有阳光的	sunny; sunshine
пи́сьменный	书写用的；书面的	writing
ле́вый	左边的	left

горя́чий	热的，热烈的；忙碌的	hot; ardent
фи́рменный	招牌的，最拿手的	speciality
солёный	腌的；咸的	salt
переезжа́ть//перее́хать	（乘车等）越过，驶过；搬家	to move
добира́ться//добра́ться	达到	to get, reach
перевози́ть//перевезти́	（从一处）运到（另一处）	to transport, carry
ста́вить//поста́вить	竖立，（竖着）摆放	to put, set
сади́ться//сесть	坐，坐下；乘上	to sit, seat
пить	喝，饮	to drink
про́бовать//попро́бовать	品尝；尝试	to taste; to try
хвата́ть//хвати́ть	足够，够用	to be enough
беспоко́иться	担心；费心	to worry
класть//положи́ть	平放；放入；盛（饭等），往（食物里）加，放	to put, lay
совсе́м	完全，十分	quite, very
бли́зко	附近，近	near, closely
по-грузи́нски	格鲁吉亚式的	Georgian

лифт	电梯	lift
кре́сло	软椅，圈椅	chair, armchair
сто́лик	小桌，茶几	table
балко́н	阳台	balcony
крова́ть	床	bed
ла́мпа	灯	lamp
па́пка	文件夹	folder
таре́лка	盘子	plate, dish
ви́лка	叉子	fork
десе́рт	甜品	dessert
пиро́г	馅饼	pie
впечатле́ние	印象	impression
пора́	时候；时刻；是……的时候了，到……的时候了	time; it is time...
находи́ть//найти́	找到，捡到	to find
поднима́ться//подня́ться	登上；上升	to climb; to rise
ра́доваться//обра́доваться	感到高兴	to be happy
привози́ть//привезти́	运来，乘车（飞机等）带来	to bring
повести́	领着走	to carry
накрыва́ть//накры́ть	蒙上，盖上	to cover
сажа́ть//посади́ть	让……坐下；种植	to sit; to plant
налива́ть//нали́ть	倒，斟	to pur

выпивать//выпить	喝下;喝酒,干杯	to drink
расспрашивать//расспросить	详细询问	to ask, inquire
обмениваться//обменяться	交流,交换	to exchange
убирать//убрать	拿开,拿走;收割;收拾	to remove; to get; to clean
уходить//уйти	离开,走开	to leave
благодарить//поблагодарить	致谢,感谢	to thank, praise
попрощаться	告辞,告别	to goodbye
провожать//проводить	送行	to see off
просторный	宽敞的	spacious, large
круглый	圆的	round
узкий	窄的;过瘦的	narrowly, tight
овощной	蔬菜的	vegetable
мясной	肉的	meat
рыбный	鱼的	fish
видно	看得出,显然	it's obvious
из-за	从……后面,从……外边	from
посреди	在……中间	in the middie of

五、词汇造句

добираться//добраться ［未//完成体］*до чего* 到达

До директора добраться не так легко. 想见到经理不那么容易。

Когда мы добрались до дому, уже было десять часов ночью. 当我们到家时,已经夜里十点了。

рад ［用作谓语］*кому-чему* 高兴

Очень рад вас видеть. 见到您很高兴。

Мы рады вашим успехам. 我们为您取得的成绩感到高兴。

Он всякому рад помочь. 他乐于助人。

Я очень рад, что вы пришли. 您来了,我很高兴。

садиться//сесть ［未//完成体］坐,坐下;乘上

Брат сел на стул и начал читать. 弟弟坐到椅子上开始读书。

Собака села в угол комнаты. 小狗蹲到房间的角落里。

Дети сели играть в шахматы. 孩子们坐下来下象棋。

Ребята сели на третий автобус и вернулись домой. 孩子们坐上了三路汽车回家了。

пробовать//попробовать ［未//完成体］*что* 品尝;尝到

Хозяйка дала нам попробовать салат. 女主人让我们尝尝

沙拉。

Мать попрóбовала икрý, но онá óчень солёная. 母亲尝了尝鱼子,但太咸了。

Он попрóбовал встать, но не смог. 他试着站起来,但没站起来。

Студéнты попрóбовали ответить на слóжные вопрóсы. 学生们试着回答复杂的问题。

хватáть//хватúть [未//完成体] *комý чегó* 足够,够用

У негó не хватúло врéмени. 他时间不够。

У них не хватáет хлéба на всю зúму. 他们的粮食不够吃一冬。

Бóльше не нýжно пúва, мне хвáтит. 不要啤酒了,我已经够了。

Мне хватáет дéнег на учёбу. 我的学费够了。

Хвáтит разговáривать! Порá занимáться. 够了,别再说话了! 该学习了!

беспокóиться [未完成体] *о ком-чём* 或 *за когó-что* 担心;费心

Все родúтели беспокóятся о бýдущем своúх детéй. 所有父母都担心子女的前途。

Мать беспокóится за сы́на, что он не сдаст экзáмены. 母亲担心儿子通不过考试。

поднимáться//подня́ться [未//完成体] 登上;上升

Кáждую суббóту дéти поднимáются нá гору. 每星期六孩子们都登山。

Я поднялся на лúфте на деся́тый этáж. 我坐电梯上了十楼。

Водá поднялáсь. 水涨了。

У больнóго температýра поднялáсь до 39 грáдусов. 病人的体温升到了 39 度。

Цéны подня́лись. 价格上涨了。

Интерéс к чтéнию у детéй подня́лся. 孩子们喜欢读书了。

рáдоваться//обрáдоваться [未//完成体] *комý-чемý* 感到高兴

Сéрдце рáдуется. 心里高兴。

Я обрáдовался встрéче со стáрым дрýгом. 我对和老友的见面感到很高兴。

Профéссор рáдуется успéхам студéнтов в учёбе. 教授对学生们的学习成绩感到高兴。

вúдно [谓语副词] 看得出,显然

Вúдно, что он заболéл. 看得出,他病了。

Всем ви́дно, что он не зна́ет об э́том. 大家都看得出,他不了解这件事。

пора́ [阴性]时候;时刻

Наступи́ла тёплая пора́. 暖和的季节到来了。

Прошла́ пора́ де́тства. 童年时光过去了。

[谓语副词]是……的时候了,到……的时候了

Пора́ идти́ домо́й. 该回家了。

Де́тям пора́ спать. 孩子们该睡觉了。

第六课

一、词汇导读

本课的主题是运动，要注意 игрáть，выигрывать//вы́играть，проигрывать//проигрáть 的接格和用法。

二、词汇注释

плáвать ［未完成体］现在时：*плáваю，плáваешь，плáвает，плáваем，плáваете，плáвают*；过去时：*плáвал，плáвала，плáвало，плáвали* 游泳；航行 плáвать в бассéйне 在游泳池游泳 плáвать в мóре 在海里游泳 плáвать на лóдке домóй 坐船回家 плáвать на рекé 在河上航行

любúтель ［阳性］单数：*любúтель，любúтеля，любúтелю，любúтеля，любúтелем，о любúтеле*；复数：*любúтели，любúтелей，любúтелям，любúтелей，любúтелями，о любúтелях* 爱好者 любúтель спóрта 体育爱好者 любúтель зúмнего плáвания 冬泳爱好者

пинг-пóнг ［阳性］单数：*пинг-пóнг，пинг-пóнга，пинг-пóнгу，пинг-пóнг，пинг-пóнгом，о пинг-пóнге* 乒乓球 игрáть в пинг-пóнг 打乒乓球

хоккéй ［阳性］单数：*хоккéй，хоккéя，хоккéю，хоккéй，хоккéем，о хоккéе* 冰球 игрáть в хоккéй 打冰球

бадминтóн ［阳性］单数：*бадминтóн，бадминтóна，бадминтóну，бадминтóн，бадминтóном，о бадминтóне* 羽毛球 игрáть в бадминтóн 打羽毛球

катáться ［未完成体］现在时：*катáюсь，катáешься，катáется，катáемся，катáетесь，катáются*；过去时：*катáлся，катáлась，катáлось，катáлись* 滑，骑，溜 катáться на велосипéде 骑自行车

конькú ［复数］*конькóв，конькáм，конькú，конькáми，о конькáх* 冰鞋；滑冰 катáться на конькáх 滑冰 любúть конькú 喜欢滑冰

лы́жи ［复数］*лыж，лы́жам，лы́жи，лы́жами，о лы́жах* 滑雪板；滑雪 катáться на лы́жах 滑雪 любúтель лыж 滑雪爱好者

гимнáстика ［阴性］单数：*гимнáстика，гимнáстики，гимнáстике，гимнáстику，гимнáстикой，о гимнáстике* 体操 ýтренняя гимнáстика 早操 дéлать гимнáстику 做体操 соревновáние по гимнáстике 体操比赛

настóльный ［形容词］*настóльная，настóльное，настóльные* 案头上，桌上的 настóльный календáрь 台历 настóльная лáмпа 台灯 настóльная кнúга 床头书，必读书

те́ннис ［阳性］单数：*те́ннис，те́нниса，те́ннису，те́ннис，те́ннисом，о те́ннисе* 网球 насто́льный те́ннис 乒乓球 игра́ть в те́ннис 打网球

ката́ние ［中性］单数：*ката́ние，ката́ния，ката́нию，ката́ние，ката́нием，о ката́нии* 滑 ката́ние на конька́х 滑冰 ката́ние на лы́жах 滑雪

бег ［阳性］单数：*бег，бе́га，бе́гу，бег，бе́гом，о бе́ге （на бегу́）*跑步 заня́ть пе́рвое ме́сто в бе́ге 赛跑得第一名

метр ［阳性］单数：*метр，ме́тра，ме́тру，метр，ме́тром，о ме́тре*；复数：*ме́тры，ме́тров，ме́трам，ме́тры，ме́трами，о ме́трах* 米，公尺 бег на 100 ме́тров 百米赛跑

чемпио́н ［阳性］单数：*чемпио́н，чемпио́на，чемпио́ну，чемпио́на，чемпио́ном，о чемпио́не*；复数：*чемпио́ны，чемпио́нов，чемпио́нам，чемпио́нов，чемпио́нами，о чемпио́нах* 冠军 чемпио́н ми́ра 世界冠军 чемпио́н страны́ 全国冠军 чемпио́н в бе́ге на 100 ме́тров 百米冠军

длина́ ［阴性］单数：*длина́，длины́，длине́，длину́，длино́й，о длине́* 长度；长短 прыжки́ в длину́ 跳远

высота́ ［阴性］单数：*высота́，высоты́，высоте́，высоту́，высото́й，о высоте́* 高度 прыжки́ в высоту́ 跳高

футбо́льный ［形容词］*футбо́льная，футбо́льное，футбо́льные* 足球的 футбо́льное по́ле 足球场

матч ［阳性］单数：*матч，ма́тча，ма́тче，матч，ма́тчем，о ма́тче* 比赛 футбо́льный матч 足球赛

пропусти́ть ［完成体］*кого́-что* 将来时：*пропущу́，пропу́стишь，пропу́стит，пропу́стим，пропу́стите，пропу́стят*；过去时：*пропусти́л，пропусти́ла，пропусти́ло，пропусти́ли*//***пропуска́ть***［未完成体］现在时：*пропуска́ю，пропуска́ешь，пропуска́ет，пропуска́ем，пропуска́ете，пропуска́ют*；过去时：*пропуска́л，пропуска́ла，пропуска́ло，пропуска́ли* 错过；漏掉；使通过 не пропуска́ть ни одного́ футбо́льного ма́тча 不错过任何一场足球赛 пропуска́ть а́дрес в докуме́нте 文件上漏掉了地址 пропуска́ть тури́стов че́рез грани́цу 放游客过境

пеки́нский ［形容词］*пеки́нская，пеки́нское，пеки́нские* 北京的 Пеки́нский университе́т иностра́нных языко́в 北京外国语大学

кома́нда ［阴性］单数：*кома́нда，кома́нды，кома́нде，кома́нду，кома́ндой，о кома́нде*；复数：*кома́нды，кома́нд，кома́ндам，кома́нды，кома́ндами，о кома́ндах* 队；一队运动员 футбо́льная кома́нда 足球队

шанха́йский ［形容词］*шанха́йская，шанха́йское，шанха́йские* 上海的 Шанха́йский университе́т иностра́нных языко́в 上海外国语大学

ко́нчиться ［完成体］将来时：*ко́нчусь，ко́нчишься，ко́нчится，ко́нчимся，ко́нчитесь，ко́нчатся*；过去时：*ко́нчился，ко́нчилась，ко́нчилось，ко́нчились*//***конча́ться*** ［未完成体］现在时：*конча́юсь，конча́ешься，конча́ется，конча́емся，конча́етесь，конча́ются*；过去时：*конча́лся，конча́лась，конча́лось，конча́-*

*лись*完成,结束 Де́ньги ко́нчились. 钱用完了。Ле́то конча́ется, ско́ро о́сень. 夏天快结束了,秋天要来了。Собра́ние ко́нчилось в пять часо́в. 会议在五点结束了。

по́льза [阴性]单数:*по́льза*, *по́льзы*, *по́льзе*, *по́льзу*, *по́льзой*, *о по́льзе* 好处,益处 принести́ нам по́льзу 给我们带来好处 Счёт ма́тча 2∶0 в на́шу по́льзу. 比赛比分 2∶0,我们获胜。

проигра́ть [完成体] *что кому́* 将来时:*проигра́ю*, *проигра́ешь*, *проигра́ет*, *проигра́ем*, *проигра́ете*, *проигра́ют*; 过去时:*проигра́л*, *проигра́ла*, *проигра́ло*, *проигра́ли*//***прои́грывать***[未完成体]现在时:*прои́грываю*, *прои́грываешь*, *прои́грывает*, *прои́грываем*, *прои́грываете*, *прои́грывают*; 过去时:*прои́грывал*, *прои́грывала*, *прои́грывало*, *прои́грывали* 输,输给 проигра́ть ему́ па́ртию в ша́хматы 输给他一局棋 проигра́ть пеки́нской кома́нде в футбо́л со счётом 0∶2 足球赛 0∶2 输给北京队

ожида́ть [未完成体]现在时:*ожида́ю*, *ожида́ешь*, *ожида́ет*, *ожида́ем*, *ожида́ете*, *ожида́ют*; 过去时:*ожида́л*, *ожида́ла*, *ожида́ло*, *ожида́ли* 预料;预期 Этого я не ожида́л. 这一点我没料到。Я не ожида́л встре́титься с ме́неджером на у́лице. 我没料到在街上遇到经理。Мы не ожида́ли, что пеки́нская кома́нда победи́ла. 我们没料到北京队会赢。

вы́играть [完成体] *что у кого́* 完成体:*вы́играю*, *вы́играешь*, *вы́играет*, *вы́играем*, *вы́играете*, *вы́играют*//***вы́игрывать***[未完成体]现在时:*вы́игрываю*, *вы́игрываешь*, *вы́игрывает*, *вы́игрываем*, *вы́игрываете*, *вы́игрывают*; 过去时:*вы́игрывал*, *вы́игрывала*, *вы́игрывало*, *вы́игрывали* 赢 вы́играть па́ртию в ша́хматы у отца́ 赢了父亲一局棋 вы́играть игру́ в хокке́й у моско́вской кома́нды 冰球比赛赢了莫斯科队

соревнова́ние [中性]单数:*соревнова́ние*, *соревнова́ния*, *соревнова́нию*, *соревнова́ние*, *соревнова́нием*, *о соревнова́нии* 比赛 спорти́вное соревнова́ние 体育比赛 соревнова́ние по баскетбо́лу 排球赛

боле́ть [未完成体] *чем* 或 *за кого́-что* 现在时:*боле́ю*, *боле́ешь*, *боле́ет*, *боле́ем*, *боле́ете*, *боле́ют*; 过去时:*боле́л*, *боле́ла*, *боле́ло*, *боле́ли* 生病;捧场,助威 боле́ть гри́ппом 得了流感 боле́ть за на́шу кома́нду 为我们队加油

боле́льщик [阳性]单数:*боле́льщик*, *боле́льщика*, *боле́льщику*, *боле́льщика*, *боле́льщиком*, *о боле́льщике*; 复数:*боле́льщики*, *боле́льщиков*, *боле́льщикам*, *боле́льщиков*, *боле́льщиками*, *о боле́льщиках*(运动场上)狂热的观众,体育迷 боле́льщик футбо́ла 足球迷

вообще́ [副词]总的来说,总之 Он вообще́ не жела́ет говори́ть. 他总是不爱说话。

стра́стно [副词]狂热地 стра́стно увле́чься футбо́лом 狂热地爱上了足球

хокке́йный [形容词] *хокке́йная*, *хокке́йное*, *хокке́йные* 冰球的 хокке́йный матч 冰球赛

стра́стный [形容词] *стра́стная*, *стра́стное*, *стра́стные* 狂热的 стра́стный боле́льщик 狂热的体育迷

фанáт [阳性]单数:*фанáт, фанáта, фанáту, фанáта, фанáтом, о фанáте*;复数:*фанáты, фанáтов, фанáтам, фанáтов, фанáтами, о фанáтах* 狂热者,对……入迷的人 фанáт искýсства 艺术狂热者 фанáт наýк 科学迷

еди́нственный [形容词]*еди́нственная, еди́нственное, еди́нственные* 唯一的 еди́нственный сын 唯一的儿子 еди́нственные часы́ 唯一的一块手表

серьёзно [副词]认真地 серьёзно занимáться 认真学习 серьёзно говори́ть 认真地说

сéкция [阴性]单数:*сéкция, сéкции, сéкции, сéкцию, сéкцией, о сéкции*;复数:*сéкции, сéкций, сéкциям, сéкции, сéкциями, о сéкциях* 部,组 спорти́вная сéкция 体育小组

появи́ться [完成体]将来时:*появлю́сь, появи́шься, появи́тся, появи́мся, появи́тесь, появя́тся*;过去时:*появи́лся, появи́лась, появи́лось, появи́лись//**появля́ться*** [未完成体]现在时:*появля́юсь, появля́ешься, появля́ется, появля́емся, появля́етесь, появля́ются*;过去时:*появля́лся, появля́лась, появля́лось, появля́лись* 出现 В дверя́х появи́лся незнакóмый человéк. 门口出现了一个陌生人。В гóроде появля́ются нóвые ýлицы. 城市里不断出现新的街道。

клáссно [副词]高水平地,技巧高超地 клáссно игрáть в тéннис 打网球水平很高

мóдный [形容词]*мóдная, мóдное, мóдные* 时髦的 мóдный вид спóрта 时髦的运动

люби́мый [形容词]*люби́мая, люби́мое, люби́мые* 喜爱的 люби́мый учи́тель 尊敬的老师 люби́мая дéвушка 喜欢的女孩

стрóйный [形容词]*стрóйная, стрóйное, стрóйные* 身材匀称的,苗条的 стрóйная арти́стка 身材匀称的女演员

показáться [完成体]*комý кем-чем* (*каки́м*)将来时:*покажýсь, покáжешься, покáжется, покáжемся, покáжетесь, покáжутся*;过去时:*показáлся, показáлась, показáлось, показáлись//**казáться***[未完成体]样子像……;觉得,以为 казáться ребёнком 好像小孩 Мне кáжется, что мы ви́делись. 我觉得我们见过面。

профессионáльно [副词]在行,具有职业水平 профессионáльно игрáть в хоккéй 冰球打得具有职业水平

брóсить [完成体]*что* 将来时:*брóшу, брóсишь, брóсит, брóсим, брóсите, брóсят*;过去时:*брóсил, брóсила, брóсило, брóсили//**бросáть***[未完成体]现在时:*бросáю, бросáешь, бросáет, бросáем, бросáете, бросáют*;过去时:*бросáл, бросáла, бросáло, бросáли* 放弃,抛弃;停止做 брóсить детéй 遗弃孩子 брóсить семью́ 离家出走 брóсить шкóлу 辍学 брóсить ду́мать 不再想 брóсить кури́ть 戒烟

терпéние [中性]单数:*терпéние, терпéния, терпéнию, терпéние, терпéнием, о терпéнии* 耐心 объясня́ть с терпéнием 耐心讲解 рабóтать без терпéния 无心工作

записáться [完成体]将来时:*запишýсь, запи́шешься, запи́шется, запи́шемся, запи́шетесь, запи́шутся*;过去时:*записáлся, записáлась, записáлось, записáлись//*

запи́сываться［未完成体］现在时：*запи́сываюсь*，*запи́сываешься*，*запи́сывается*，*запи́сываемся*，*запи́сываетесь*，*запи́сываются*；过去时：*запи́сывался*，*запи́сывалась*，*запи́сывалось*，*запи́сывались* 报名；挂号；注册 записа́ться в спорти́вную се́кцию 报名体育小组 записа́ться на приём к врачу́ 挂号看病 записа́ться в библиоте́ку 办理图书证

регуля́рно　［副词］按规律地，定时地，定期地 регуля́рно занима́ться гимна́стикой 经常做操 регуля́рно навеща́ть роди́телей 定期看父母

тре́нер　［阳性］单数：*тре́нер*，*тре́нера*，*тре́неру*，*тре́нера*，*тре́нером*，*о тре́нере*；复数：*тре́неры*，*тре́неров*，*тре́нерам*，*тре́неров*，*тре́нерами*，*о тре́нерах* 教练 ста́рший тре́нер 主教练 тре́нер футбо́льной кома́нды 足球队教练 тре́нер по пла́ванию 游泳教练

твёрдо　［副词］坚定地твёрдо ве́рить 坚信 твёрдо обеща́ть 坚定地保证

довести́　［完成体］*что до чего́* 将来时：*доведу́*，*доведёшь*，*доведёт*，*доведём*，*доведёте*，*доведу́т*；过去时：*довёл*，*довела́*，*довело́*，*довели́*//***доводи́ть***［未完成体］现在时：*довожу́*，*дово́дишь*，*дово́дит*，*дово́дим*，*дово́дите*，*дово́дят*；过去时：*доводи́л*，*доводи́ла*，*доводи́ло*，*доводи́ли* 把……进行到；引到，带到 довести́ больно́го до вы́хода 把病人领到出口 довести́ ребёнка до де́тского са́да 把孩子领到幼儿园

до　［前置词］*кого́-чего́* 到；直到；……之前 рабо́тать до но́чи 工作到夜里 с пяти́ часо́в до десяти́ 从五点到十点 с утра́ до ве́чера 从早到晚

цель　［阴性］单数：*цель*，*це́ли*，*це́ли*，*цель*，*це́лью*，*о це́ли* 目的，目标 добра́ться до це́ли 达到目的地

хотя́　［连接词］虽然；不过 Хотя́ он молодо́й，но мно́го зна́ет. 尽管他很年轻，但知道的却很多。

па́ртия　［阴性］单数：*па́ртия*，*па́ртии*，*па́ртии*，*па́ртию*，*па́ртией*，*о па́ртии*；复数：*па́ртии*，*па́ртий*，*па́ртиям*，*па́ртии*，*па́ртиями*，*о па́ртиях*（牌、棋类的）一局，一盘；党派 вы́играть па́ртию в ша́хматы 赢了一局棋 ле́вая па́ртия 左翼党派 це́ли па́ртии 党的目标 поли́тика па́ртии 党的政策 приня́ть его́ в па́ртию 吸收他入党

сумасше́дший　［形容词或名词］*сумасше́дшая*，*сумасше́дшее*，*сумасше́дшие* 神经失常的；疯子 сумасше́дший дом 疯人院 Она́ похо́жа на сумасше́дшую. 她像个疯子。

пожале́ть　［完成体］*кого́-что* 将来时：*пожале́ю*，*пожале́ешь*，*пожале́ет*，*пожале́ем*，*пожале́ете*，*пожале́ют*；过去时：*пожале́л*，*пожале́ла*，*пожале́ло*，*пожале́ли*//***жале́ть***［未完成体］怜悯；吝惜 жале́ть дете́й 可怜孩子 жале́ть вре́мя 珍惜时间 жале́ть де́ньги 舍不得花钱

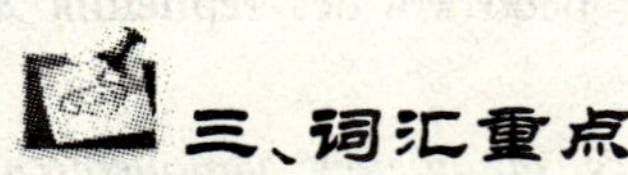

三、词汇重点

увлека́ться　［未完成体］*чем* 现在时：*увлека́юсь*，*увлека́ешься*，*увлека́ется*，*увлека́емся*，*увле-*

ка́етесь, увлека́ются；过去时：*увлека́лся, увлека́лась, увлека́лось, увлека́лись*//**увле́чься**［完成体］将来时：*увлеку́сь, увлечёшься, увлечётся, увлечёмся, увлечётесь, увлеку́тся*；过去时：*увлёкся, увлекла́сь, увлекло́сь, увлекли́сь* 酷爱，着迷 увлека́ться футбо́лом 迷上足球 увлека́ться му́зыкой 迷恋音乐 увлека́ться де́вушкой 爱上一个姑娘

［注意］увле́чься 过去时特殊

заня́ть ［完成体］*что* 将来时：*займу́, займёшь, займёт, займём, займёте, займу́т*；过去时：*за́нял, заняла́, за́няло, за́няли*//**занима́ть**［未完成体］现在时：*занима́ю, занима́ешь, занима́ет, занима́ем, занима́ете, занима́ют*；过去时：*занима́л, занима́ла, занима́ло, занима́ли* 占，占去；占领 занима́ть пе́рвое ме́сто в бе́ге 赛跑获第一名 заня́ть э́тот го́род 占据这座城市

［注意］заня́ть 变位特殊，过去时重音变化

прыжо́к ［阳性］单数：*прыжо́к, прыжка́, прожку́, прыжо́к, прыжко́м, о прыжке́*；复数：*прыжки́, прыжко́в, прыжка́м, прыжки́, прыжка́ми, о прыжка́х* 跳跃 прыжо́к в во́ду 跳水

［注意］прыжо́к 变格时-о́-脱落，重音后移

счёт ［阳性］单数：*счёт, счёта, счёту, счёт, счётом, о счёте*；复数：*счета́, счето́в, счета́м, счета́, счета́ми, о счета́х* 比分；账单 Игра́ ко́нчилась со счётом 3:2. 比赛以 3:2 结束。откры́ть счёт в ба́нке 在银行开账户

［注意］счёт 的复数以-а́ 结尾，单数各格重音后移

мечта́ ［阴性］单数：*мечта́, мечты́, мечте́, мечту́, мечто́й, о мечте́*；复数：*мечты́, мечта́ний, мечта́м, мечты́, мечта́ми, о мечта́х* 梦想，幻想，夙愿 де́тская мечта́ 幼稚的幻想 мечта́ о бу́дущем 对未来的向往 мечта́ стать учи́телем 当老师的理想

［注意］мечта́ 的复数第二格为 мечта́ний

де́ло ［中性］单数：*де́ло, де́ла, де́лу, де́ло, де́лом, о де́ле*；复数：*дела́, дел, дела́м, дела́, дела́ми, о дела́х* 事情；事业 де́лать до́брые дела́ 做好事 занима́ться свои́ми дела́ми 做自己的事 отде́л иностра́нных дел 外事处 люби́мое де́ло 喜欢的事业

［注意］де́ло 的复数各格重音后移

коне́ц ［阳性］单数：*коне́ц, конца́, концу́, коне́ц, концо́м, о конце́*；复数：*концы́, концо́в, конца́м, концы́, конца́ми, о конца́х* 末尾，终点 в конце́ концо́в 最后 довести́ де́ло до конца́ 把事业进行到底

［注意］коне́ц 变格时-е́-脱落，重音后移

доби́ться ［完成体］*чего́* 将来时：*добью́сь, добьёшься, добьётся, добьёмся, добьётесь, добью́тся*；过去时：*доби́лся, доби́лась, доби́лось, доби́лись*//**добива́ться**［未完成体］现在时：*добива́юсь, добива́ешься, добива́ется, добива́емся, добива́етесь, добива́ются*；过去时：*добива́лся, добива́лась, добива́лось, добива́лись* 达到……，取得…… доби́ться це́ли 达到目标 доби́ться усре́хов 取得成绩

[注意]добиться 变位特殊

四、词汇记忆

люби́тель/люби́тельница	爱好者	lover, fan
пинг-по́нг	乒乓球	ping-pong
хокке́й	冰球	hockey, bandy
бадминто́н	羽毛球	badminton
коньки́	冰鞋;滑冰	skater, ice skates
лы́жи	滑雪板;滑雪	sky
гимна́стика	体操	gymnastics
те́ннис	网球	tennis
ката́ние	滑	riding, ski
бег	跑步	running
метр	米,公尺	metre, meter
чемпио́н/чемпио́нка	冠军	champion, winner
прыжо́к	跳跃	jump
длина́	长度;长短	length
высота́	高度	height
матч	比赛	match, game
кома́нда	队;一队运动员	team
счёт	比分;账单	score; bill
по́льза	好处,益处	benefit
соревнова́ние	比赛	match, game
насто́льный	案头的,桌上的	table
футбо́льный	足球的	football
пеки́нский	北京的	Beijing, Peking
шанха́йский	上海的	Shanghai
пла́вать	游泳;航行	to swim; to float
увлека́ться//увле́чься	酷爱,着迷	to fond
ката́ться	滑,骑,溜	to ride, drive, skate
занима́ть//заня́ть	占,占去;占领	to take; to occupy
пропуска́ть//пропусти́ть	错过;漏掉;使通过	to miss; to ignort; to pass
конча́ться//ко́нчиться	完成,结束	to end, be over
прои́грывать//проигра́ть	输,输给	to lose, fail
ожида́ть	预料,预期	to expect, wait
выи́грывать//вы́играть	赢	to win
боле́ть	生病;捧场,助威	to be ill; to cheer

болéльщик	（运动场上）狂热的观众，体育迷	fan, supporter
фанáт	狂热者，对……入迷的人	fan, freak
сéкция	部，组	section
мечтá	梦想，幻想，夙愿	dream
терпéние	耐心	forbearance
трéнер	教练	coach
дéло	事情；事业	case, matter; work
конéц	末尾，终点	end
цель	目的，目标	goal, purpose
пáртия	（牌、棋类的）一局，一盘；党派	batch; party
хоккéйный	冰球的	hockey
стрáстный	狂热的	passionate, avid
едúнственный	唯一的	only, single
мóдный	时髦的	fashion, fancy
любúмый	喜爱的	favorite
стрóйный	身材匀称的，苗条的	slim, slender
сумасшéдший	神经失常的；疯子	crazy; madman
появля́ться//появúться	出现	to appear
казáться//показáться	样子像……；觉得，以为	to seem
бросáть//брóсить	放弃，抛弃；停止做	to leave, throw; to stop, quit
запúсываться//записáться	报名；挂号；注册	to sign; to take an appointment
доводúть//довестú	把……进行到；引到，带到	to finish; to bring
добивáться//добúться	达到……，取得……	to achieve, get
жалéть//пожалéть	怜悯；吝惜	to spare, pity
вообщé	总的来说，总之	generally
стрáстно	狂热地	hotly
серьёзно	认真地	seriously
клáссно	高水平地，技巧高地	really good
профессионáльно	在行，具有专业水平	professionally, expertly
регуля́рно	按规律地，定时地，定期地	regularly
твёрдо	坚定地	firmly
до	到；直到；……之前	to; until; before
хотя́	虽然；不过	although

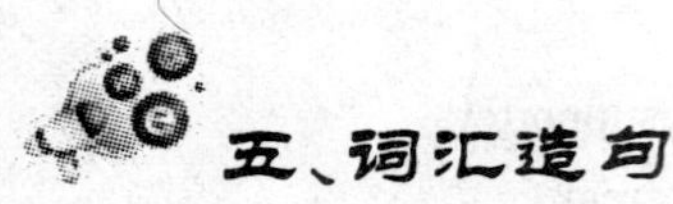

五、词汇造句

пла́вать ［未完成体］游泳；航行

Ка́ждый день я хожу́ в бассе́йн пла́вать. 我每天去游泳馆游泳。

Оте́ц пла́вает по моря́м. 父亲在各海域航行。

Я пла́ваю на ло́дке на реке́. 我在河上划船。

увлека́ться//увле́чься ［未//完成体］*чем* 酷爱，着迷

Де́ти увлекли́сь компью́терными и́грами. 孩子们迷上了计算机游戏。

Дочь увлека́ется му́зыкой. 女儿迷上了音乐。

Он увлёкся медсестро́й и ско́ро же́нится на ней. 他爱上了一个护士，很快就要和她结婚。

ката́ться ［未完成体］滑，骑，溜

Я люблю́ ката́ться на велосипе́де. 我喜欢骑自行车。

Зимо́й мы ката́емся на коньќах. 冬天我们滑冰。

занима́ть//заня́ть ［未//完成体］*что* 占，占去；占领

Кни́жная этаже́рка занима́ет всю сте́ну. 书架占了整整一面墙。

Доро́га домо́й занима́ет полчаса́. 回家的路上要花半个小时。

Эта кни́га заняла́ у меня́ почти́ три го́да. 这本书花了我几乎三年时间。

пропуска́ть//пропусти́ть ［未//完成体］*кого́-что* 错过；漏掉；使通过

Де́ти увлека́ются футбо́лом, они́ не пропуска́ют ни одного́ ма́тча. 孩子们酷爱足球，他们不错过任何一场比赛。

Мы пропусти́ли два авто́буса, потому́ что в них бы́ло мно́го наро́ду, и се́ли то́лько в тре́тий. 我们错过了两辆公共汽车，因为车上人太多了，我们坐上了第三辆车。

Он заболе́л, и поэ́тому пропусти́л мно́го заня́тий. 他生病了，因此旷了很多课。

В сочине́нии учени́к пропусти́л не́сколько слов. 写作文时学生漏掉了几个单词。

боле́ть ［未完成体］*чем* 生病；*за кого́-что* 捧场，助威

У меня́ боли́т голова́. 我头疼。

Ба́бушка боле́ет уже́ втору́ю неде́лю. 奶奶病了一周多了。

Де́вочка боле́ет гри́ппом. 小女孩得了流感。

Де́ти боле́ют за на́шу кома́нду. 孩子们为我们队加油助威。

каза́ться//показа́ться ［未//完成体］*кем-чем*（*каки́м*）样子像……；*кому́* 觉得，以为

Она́ ка́жется весёлой. 她好像很高兴。

Вода́ показа́лась ему́ холо́дной. 他觉得水凉。

Мне ка́жется, что пойдёт дождь. 我觉得要下雨。

Ему ка́жется, что он не сдаст пи́сьменный экза́мен. 他觉得笔试通不过。

добива́ться//доби́ться [未//完成体] *чего́* 达到……,取得……

Инжене́р доби́лся больши́х успе́хов в рабо́те. 工程师在工作中取得很大成绩。

Я так и не доби́лся от неё отве́та на мой вопро́с. 我最终也没得到她对我问题的回答。

第七课

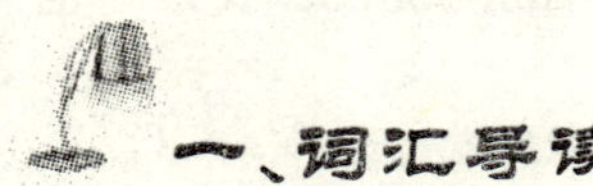

一、词汇导读

本课表示运动的动词很多,需特别记忆。

二、词汇注释

доéхать [完成体] *до чегó* 将来时: *доéду, доéдешь, доéдет, доéдем, доéдете, доéдут*; 过去时: *доéхал, доéхала, доéхало, доéхали*//***доезжáть*** [未完成体] 现在时: *доезжáю, доезжáешь, доезжáет, доезжáем, доезжáете, доезжáют*; 过去时: *доезжáл, доезжáла, доезжáло, доезжáли*(乘车等)到,抵达 доéхать до цéли 到达目的地 доéхать до вокзáла 到达火车站

культýра [阴性] 单数: *культýра, культýры, культýре, культýру, культýрой, о культýре* 文化;发展水平,素养 человéк высóкой культýры 文化水平很高的人

милиционéр [阳性] 单数: *милиционéр, милиционéра, милиционéру, милиционéра, милиционéром, о милиционéре*; 复数: *милиционéры, милиционéров, милиционéрам, милиционéров, милиционéрами, о милиционéрах* 民警 спросúть милиционéра 问民警

простúть [完成体] *когó-что* 将来时: *прощý, простúшь, простúт, простúм, простúте, простя́т*; 过去时: *простúл, простúла, простúло, простúли*//***прощáть*** [未完成体] 现在时: *прощáю, прощáешь, прощáет, прощáем, прощáете, прощáют*; 过去时: *прощáл, прощáла, прощáло, прощáли* 原谅 простúть сы́на 原谅儿子

отсю́да [副词] 从这里,由此 Отсю́да ви́дно гóру. 从这儿可以看见山。

троллéйбус [阳性] 单数: *троллéйбус, троллéйбуса, троллéйбусу, троллéйбус, троллéйбусом, о троллéйбусе*; 复数: *троллéйбусы, троллéйбусов, троллéйбусам, троллéйбусы, троллéйбусами, о троллéйбусах* 无轨电车 éздить на троллéйбусе 乘无轨电车 сесть на троллéйбус 坐上无轨电车

стáнция [阴性] 单数: *стáнция, стáнции, стáнции, стáнцию, стáнцией, о стáнции*; 复数: *стáнции, стáнций, стáнциям, стáнции, стáнциями, о стáнциях* (火车、地铁)站 стáнция метрó 地铁站 стáнция вокзáла 火车站

проéхать [完成体] *что* 将来时: *проéду, проéдешь, проéдет, проéдем, проéдете, проéдут*; 过去时: *проéхал, проéхала, проéхало, проéхали*//***проезжáть*** [未完成体] 现在时: *проезжáю, проезжáешь, проезжáет, проезжáем,* *проезжа́ете*, *проезжа́ют*; 过去时: *проезжа́л*, *проезжа́ла*, *проезжа́ло*, *проезжа́ли*(乘车等)驶到;驶过;错过 прое́хать к па́рку 到公园 прое́хать к отцу́ 到父亲那 прое́хать пло́щадь 驶过广场 прое́хать 1000 ме́тров 行驶了 1000 米 прое́хать свою́ остано́вку 坐过了站

маршру́тка [阴性]单数: *маршру́тка*, *маршру́тки*, *маршру́тке*, *маршру́тку*, *маршру́ткой*, *о маршру́тке*; 复数: *маршру́тки*, *маршру́ток*, *маршру́ткам*, *маршру́тки*, *маршру́тками*, *о маршру́тках* 小公共汽车 е́хать на маршру́тке 乘坐小公共汽车

переса́дка [阴性]单数: *переса́дка*, *переса́дки*, *переса́дке*, *переса́дку*, *переса́дкой*, *о переса́дке* 换车,换乘 сде́лать переса́дку на метро́ 换乘地铁 сде́лать переса́дку на тролле́йбус 换乘无轨电车

перейти́ [完成体] *что* 或 *че́рез что* 将来时: *перейду́*, *перейдёшь*, *перейдёт*, *перейдём*, *перейдёте*, *перейду́т*; 过去时: *перешёл*, *перешла́*, *перешло́*, *перешли́*//***переходи́ть***[未完成体]现在时: *перехожу́*, *перехо́дишь*, *перехо́дит*, *перехо́дим*, *перехо́дите*, *перехо́дят*; 过去时: *переходи́л*, *переходи́ла*, *переходи́ло*, *переходи́ли* 走过,通过;转到 перейти́ (че́рез) у́лицу 过马路 перейти́ (че́рез) грани́цу 穿越边界 перейти́ из гости́ной в ку́хню 从客厅走到厨房 перейти́ на но́вую рабо́ту 调换工作

любо́й [代词] *люба́я*, *любо́е*, *любы́е* 任何人 любо́й челове́к 任何人 доби́ться це́ли любо́й ценой 不惜任何代价达到目的

прямо́й [形容词] *пряма́я*, *прямо́е*, *прямы́е* 直的,直达的 пряма́я доро́га 直路 прямо́й нос 端正的鼻子

сообще́ние [中性]单数: *сообще́ние*, *сообще́ния*, *сообще́нию*, *сообще́ние*, *сообще́нием*, *о сообще́нии* 交通 прямо́е сообще́ние 直达交通 по́езд прямо́го сообще́ния 直达列车

прийти́сь [完成体] *кому́* 将来时(无人称): *придётся*; 过去时(无人称): *пришло́сь*//***приходи́ться***[未完成体]现在时(无人称): *прихо́дится*; 过去时(无人称): *приходи́лось* 不得不,只能 Мне пришло́сь пое́хать домо́й на метро́. 我不得不乘地铁回家。Пошёл до́ждь, де́тям пришло́сь сиде́ть до́ма. 下雨了,孩子们不得不待在家里。

езда́ [阴性]单数: *езда́*, *езды́*, *езде́*, *езду́*, *ездо́й*, *о езде́* 乘车 де́сять мину́т езды́ 十分钟车程

пересе́сть [完成体]将来时: *переся́ду*, *переся́дешь*, *переся́дет*, *переся́дем*, *переся́дете*, *переся́дут*; 过去时: *пересе́л*, *пересе́ла*, *пересе́ло*, *пересе́ли*//***переса́живаться*** [未完成体]现在时: *переса́живаюсь*, *переса́живаешься*, *переса́живается*, *переса́живаемся*, *переса́живаетесь*, *переса́живаются*; 过去时: *переса́живался*, *переса́живалась*, *переса́живалось*, *переса́живались* 换乘 пересе́сть на тролле́йбус 换乘无轨电车

коне́чный [形容词] *коне́чная*, *коне́чное*, *коне́чные* 终点的 коне́чная цель 最终目的 коне́чная остано́вка 终点站

сходи́ть [未完成体]现在时：*схожу́，схо́дишь，схо́дит，схо́дим，схо́дите，схо́дят*；过去时：*сходи́л，сходи́ла，сходи́ло，сходи́ли*//**сойти́**[完成体]将来时：*сойду́，сойдёшь，сойдёт，сойдём，сойдёте，сойду́т*；过去时：*сошёл，сошла́，сошло́，сошли́* 下车；下来 сойти́ на э́той остано́вке 在这站下车 сойти́ с самолёта 下飞机 сойти́ с трамва́я 从有轨电车上下来 сойти́ со второ́го этажа́ 从二楼下来 сойти́ с горы́ 从山上下来

посо́льство [中性]单数：*посо́льство，посо́льства，посо́льству，посо́льство，посо́льством，о посо́льстве*；复数：*посо́льства，посо́льств，посо́льствам，посо́льства，посо́льствами，о посо́льствах* 使馆 япо́нское посо́льство в Кита́е 日本驻中国大使馆

довезти́ [完成体]*кого́-что до чего́* 将来时：*довезу́，довезёшь，довезёт，довезём，довезёте，довезу́т*；过去时：*довёз，довезла́，довезло́，довезли́*//**довози́ть**[未完成体]现在时：*довожу́，дово́зишь，дово́зит，дово́зим，дово́зите，дово́зят*；过去时：*довози́л，довози́ла，довози́ло，довози́ли*（乘车、船等）运到，拉到 довезти́ друзе́й до вокза́ла 把朋友们送到火车站 довезти́ тури́стов до аэропо́рта 把游客送到机场

счётчик [阳性]单数：*счётчик，счётчика，счётчику，счётчик，счётчиком，о счётчике*；复数：*счётчики，счётчиков，счётчикам，счётчики，счётчиками，о счётчиках* 计价器 счётчик такси́ 出租车计价器 счётчик вре́мени 计时器

приме́рно [副词]大约，大概 приме́рно две неде́ли 大约两周 приме́рно в шесть часо́в 大约在六点钟

где́-то [副词]在某一地方 Мы где́-то встреча́лись. 我们在哪儿见过面。

эй [感叹词]嗨，喂

остана́вливаться [未完成体]现在时：*остана́вливаюсь，остана́вливаешься，остана́вливается，остана́вливаемся，остана́вливаетесь，остана́вливаются*；过去时：*остана́вливался，остана́вливалась，остана́вливалось остана́вливались*//**останови́ться**[完成体]将来时：*остановлю́сь，остано́вишься，остано́вится，остано́вимся，остано́витесь，остано́вятся*；过去时：*останови́лся，останови́лась，останови́лось，останови́лись* 停留，停下 Маши́на останови́лась. 汽车停下来了。На чём мы останови́лись на про́шлом уро́ке? 上次课我们讲到哪儿了？

вперёд [副词]向前 идти́ вперёд 向前走

поверну́ть [完成体]将来时：*поверну́，повернёшь，повернёт，повернём，повернёте，поверну́т*；过去时：*поверну́л，поверну́ла，поверну́ло，поверну́ли*//**повора́чивать**[未完成体]现在时：*повора́чиваю，повора́чиваешь，повора́чивает，повора́чиваем，повора́чиваете，повора́чивают*；过去时：*повора́чивал，повора́чивала，повора́чивало，повора́чивали* 拐弯，拐向 поверну́ть напра́во 向右拐

напра́во [副词]向右 поверну́ть напра́во 向右拐

сле́дующий [形容词]*сле́дующая，сле́дующее，сле́дующие* 其次的，下一个的 на сле́дующей

неде́ле 在下周 Я схожу́ на сле́дующей остано́вке. 我在下站下车。

разреши́ть ［完成体］*кому́* 或 *что* 将来时：*разрешу́*, *разреши́шь*, *разреши́т*, *разреши́м*, *разреши́те*, *разреша́т*；过去时：*разреши́л*, *разреши́ла*, *разреши́ло*, *разреши́ли*//***разреша́ть***［未完成体］现在时：*разреша́ю*, *разреша́ешь*, *разреша́ет*, *разреша́ем*, *разреша́ете*, *разреша́ют*；过去时：*разреша́л*, *разреша́ла*, *разреша́ло*, *разреша́ли* 允许；解决 разреши́ть де́тям пла́вать в реке́ 允许孩子们在河里游泳 разреши́ть мне пройти́ 让我过一下 разреши́ть пробле́мы 解决问题

~~~~~~

по́льзоваться ［未完成体］*чем* 现在时：*по́льзуюсь*, *по́льзуешься*, *по́льзуется*, *по́льзуемся*, *по́льзуетесь*, *по́льзуются*；过去时：*по́льзовался*, *по́льзовалась*, *по́льзовалось*, *по́льзовались*//***воспо́льзоваться***［完成体］使用，利用 *по́льзоваться моби́льником* 用手机 по́льзоваться ду́шем 用淋浴器 по́льзоваться словарём 使用词典

тра́нспорт ［阳性］单数：*тра́нспорт*, *тра́нспорта*, *тра́нспорту*, *тра́нспорт*, *тра́нспортом*, *о тра́нспорте* 运输，交通 городско́й тра́нспорт 市内运输 отде́л тра́нспорта 交通科

спуска́ться ［未完成体］现在时：*спуска́юсь*, *спуска́ешься*, *спуска́ется*, *спуска́емся*, *спуска́етесь*, *спуска́ются*；过去时：*спуска́лся*, *спуска́лась*, *спуска́лось*, *спуска́лись*//***спусти́ться***［完成体］将来时：*спущу́сь*, *спусти́шься*, *спусти́тся*, *спусти́мся*, *спусти́тесь*, *спустя́тся*；过去时：*спусти́лся*, *спусти́лась*, *спусти́лось*, *спусти́лись* 下来，下降 спуска́ться с горы́ на лы́жах 从山上滑雪下来 спуска́ться с тре́тьего этажа́ на ли́фте 坐电梯从三楼下来 Со́лнце спусти́лось. 太阳落山了。Самолёт спусти́лся в аэропо́рт. 飞机降落在机场。

вниз ［副词］向下 пла́вать вниз по реке́ 沿河顺流而下

ремо́нт ［阳性］单数：*ремо́нт*, *ремо́нта*, *ремо́нту*, *ремо́нт*, *ремо́нтом*, *о ремо́нте* 维修，修理 ремо́нт о́буви 修鞋 де́ньги на ремо́нт 修理费 Часы́ на ремо́нте. 表在修理。В гости́нице зако́нчился ремо́нт. 宾馆装修完了。

ле́стница ［阴性］单数：*ле́стница*, *ле́стницы*, *ле́стнице*, *ле́стницу*, *ле́стницей*, *о ле́стнице*；复数：*ле́стницы*, *ле́стниц*, *ле́стницам*, *ле́стницы*, *ле́стницами*, *о ле́стницах* 楼梯 поднима́ться по ле́стнице 爬楼梯上楼 спуска́ться вниз по ле́стнице 爬楼梯下楼

авто́бусный ［形容词］*авто́бусная*, *авто́бусное*, *авто́бусные* 公共汽车的 авто́бусная остано́вка 车站

подходи́ть ［未完成体］*к кому́-чему́* 或 *кому́* 现在时：*подхожу́*, *подхо́дишь*, *подхо́дит*, *подхо́дим*, *подхо́дите*, *подхо́дят*；过去时：*подходи́л*, *подходи́ла*, *подходи́ло*, *подходи́ли*//***подойти́***［完成体］将来时：*подойду́*, *подойдёшь*, *подойдёт*, *подойдём*, *подойдёте*, *подойду́т*；过去时：*подошёл*, *подошла́*, *подошло́*, *подошли́*走近；适合，合身 подойти́ к окну́ 走到窗前 подойти́ к остано́-
~~~~~~

вке 走到车站 Ве́чер подхо́дит к концу́. 晚会快结束了。Это пла́тье мне подхо́дит. 这件连衣裙很适合我。

обы́чно [副词]通常,正常 Обы́чно я встаю́ в шесть часо́в. 通常我六点起床。

входи́ть [未完成体]现在时:*вхожу́, вхо́дишь, вхо́дит, вхо́дим, вхо́дите, вхо́дят*;过去时:*входи́л, входи́ла, входи́ло, входи́ли*//***войти́***[完成体]将来时:*войду́, войдёшь, войдёт, войдём, войдёте, войду́т*;过去时:*вошёл, вошла́, вошло́, вошли́* 走近,进入;加入 войти́ в ко́мнату 走进房间 войти́ в лифт 进电梯 войти́ в счёт 入账

вестибю́ль [阳性]单数:*вестибю́ль, вестибю́ля, вестибю́лю, вестибю́ль, вестибю́лем, о вестибю́ле* 入口处的大厅;前厅 вестибю́ль метро́ 地铁入口处的大厅 вестибю́ль теа́тра 剧院的前厅

контролёр-автома́т [阳性]单数:*контролёр-автома́т, контролёра-автома́та, контролёру-автома́ту, контролёр-автома́т, контролёром-автома́том, о контролёре-автома́те* 自动检票机 пропуска́ть контролёр-автома́т 通过自动检票机

эскала́тор [阳性]单数:*эскала́тор, эскала́тора, эскала́тору, эскала́тор, эскала́тором, об эскала́торе*;复数:*эскала́торы, эскала́торов, эскала́торам, эскала́торы, эскала́торами, об эскала́торах* 自动扶梯 поднима́ться на эскала́торе 乘扶梯上楼 спуска́ться на эскала́торе 乘扶梯下楼

ваго́н [阳性]单数:*ваго́н, ваго́на, ваго́ну, ваго́н, ваго́ном, о ваго́не*;复数:*ваго́ны, ваго́нов, ваго́нам, ваго́ны, ваго́нами, о вага́нах* 车厢 ваго́н по́езда 火车车厢 сесть в ваго́н 上车

театра́льный [形容词] *театра́льная, театра́льное, театра́льные* 剧院的 театра́льная жизнь 舞台生涯 театра́льный костю́м 戏装 театра́льный институ́т 戏剧学院

расстоя́ние [中性]单数:*расстоя́ние, расстоя́ния, расстоя́нию, расстоя́ние, расстоя́нием, о расстоя́нии* 距离 большо́е расстоя́ние 很大的距离 расстоя́ние ме́жду двумя́ города́ми 两座城市之间的距离

води́тельский [形容词]*води́тельская, води́тельское, води́тельские* 司机的,驾驶员的 води́тельские права́ 驾驶证

води́ть [未完成体]*кого́-что* 现在时:*вожу́, во́дишь, во́дит, во́дим, во́дите, во́дят*;过去时:*води́л, води́ла, води́ло, води́ли* 驾驶;领,拉 води́ть маши́ну 开车 води́ть дете́й гуля́ть 领孩子散步

городско́й [形容词]*городска́я, городско́е, городски́е* 城市的 городска́я библиоте́ка 市立图书馆 городска́я больни́ца 市立医院 городско́й тра́нспорт 城市交通

движе́ние [中性]单数:*движе́ние, движе́ния, движе́нию, движе́ние, движе́нием, о движе́нии* 运动;交通 движе́ние маши́ны 机器运转 пра́вила у́личного движе́ния 道路交通规则 меша́ть движе́нию 妨碍交通

про́бка [阴性]单数:*про́бка, про́бки, про́бке, про́бку, про́бкой, о про́бке*;复数:*про́бки, про́бок, про́бкам, про́бки, про́бками, о про́бках* 堵车 про́бка на доро́ге 路上堵车

三、词汇重点

попа́сть [完成体]将来时：*попаду́*，*попадёшь*，*попадёт*，*попадём*，*попадёте*，*попаду́т*；过去时：*попа́л*，*попа́ла*，*попа́ло*，*попа́ли*//***попада́ть***[未完成体]现在时：*попада́ю*，*попада́ешь*，*попада́ет*，*попада́ем*，*попада́ете*，*попода́ют*；过去时：*попада́л*，*попада́ла*，*попада́ло*，*попада́ли* 来到，走到 попа́сть на вы́ставку 去看展览 попа́сть на Кра́сную пло́щадь 来到红场

[注意]попа́сть 变位和过去时特殊

наро́д [阳性]单数：*наро́д*，*наро́да*（*наро́ду*），*наро́ду*，*наро́д*，*наро́дом*，*о наро́де* 人民；人 наро́д Кита́я 中国人民 мно́го наро́ду 许多人

[注意]наро́д 的第二格有两种形式 наро́да 和 наро́ду；наро́д 是非动物名词

предпочита́ть [未完成体]*кого́-что кому́-чему́* 现在时：*предпочита́ю*，*предпочита́ешь*，*предпочита́ет*，*предпочита́ем*，*предпочита́ете*，*предпочита́ют*；过去时 *предпочита́л*，*предпочита́ла*，*предпочита́ло*，*предпочита́ли*//***предпоче́сть***[完成体]将来时：*предпочту́*，*предпочтёшь*，*предпочтёт*，*предпочтём*，*предпочтёте*，*предпочту́т*；过去时：*предпочёл*，*предпочла́*，*предпочло́*，*предпочли́* 认为……比……更好，更喜欢 предпочита́ть е́здить на метро́ 更喜欢坐地铁 предпоче́сть ле́то зиме́ 认为夏天比冬天好

[注意]предпоче́сть 变位和过去时特殊

пик [阳性]高峰 пик горы́ 山峰 часы́ пик в рабо́те метро́ 地铁运输高峰时间

[注意]пик 是不变化名词

四、词汇记忆

культу́ра	文化；发展水平，素养	culture
миллиционе́р	民警	millicioner
тролле́йбус	无轨电车	trolley，trolley bus
ста́нция	（火车、地铁）站	station
маршру́тка	小公共汽车	minibus
переса́дка	换车，换乘	transplant
сообще́ние	交通	communication
езда́	乘车	riding
посо́льство	使馆	embassy
счётчик	计价器	counter，totalizer
любо́й	任何的	any
прямо́й	直的，直达的	direct

конéчный	终点的	end, final
слéдующий	其次的，下一个	following, next
доезжáть//доéхать	（乘车等）到，抵达	to reach, get there
прощáть//простúть	原谅	excuse, remit
попадáть//попáсть	来到，走到	to get
проезжáть//проéхать	（乘车等）驶到；驶过；错过	to travel; to ride; to pass;
переходúть//перейтú	走过，通过；转到	to proceed; to move
приходúться//прийтúсь	不得不，只能	to be must
пересáживаться//пересéсть	换乘	to change seats
сходúть//сойтú	下车；下来	to get off
довозúть//довезтú	（乘车、船等）送到，拉到	to take, carry
останáвливаться//остановúться	停留，停下	to stop, stay
поворáчивать//повернýть	拐弯，拐向	to turn
разрешáть//разрешúть	允许；解决	to allow, permit; to resolve, settle
отсю́да	从这里，由此	from here
примéрно	大约，大概	about
гдé-то	在某一地方	somewhere
вперёд	向前	ahead
напрáво	向右	on the right
эй	嗨，喂（招待人的呼声）	hey, hi

трáнспорт	运输，交通	transport
ремóнт	维修，修理	repair, mending, renovation
лéстница	楼梯	stairs
нарóд	人民：人	people
вестибю́ль	入口处的大厅；前厅	lobby
контролёр-автомáт	自动检票机	the controller machine
эскалáтор	自动扶梯	escalator
вагóн	车厢	carriage, wagon
расстоя́ние	距离	distance
пик	高峰	peak
движéние	运动；交通	movement, moving
прóбка	堵车	traffic jam
автóбусный	公共汽车的	bus
театрáльный	剧院的	theatre, drama
водúтельский	司机的，驾驶员的	driving
городскóй	城市的	city, urban
пóльзоваться//воспóльзоваться	使用，利用	to use, enjoy

спускáться//спусти́ться	下来,下降	to climb down
подходи́ть//подойти́	走近;适合,合身	to approach;to suitable
входи́ть//войти́	走入,进入;加入	to go;to enter
води́ть	驾驶;领,拉	to drive;to lend
предпочитáть//предпочéсть	认为……比……更好,更喜欢	to prefer
вниз	向下	down
обы́чно	通常,平常	usually

五、词汇造句

попадáть//попáсть [未//完成体]来到,走到

Мы вóвремя попáли на вокзáл. 我们按时赶到火车站。

Как попáсть на Крáсную плóщадь? 去红场怎么走?

проезжáть//проéхать [未//完成体]*что*(乘车等)驶到;驶过;错过

Как проéхать на Крáсную плóщадь? 去红场怎么坐车?

Маши́на проéхала 1 000 мéтров. 汽车行驶了 1 000 米。

Это расстоя́ние мы проéхали за два часá. 这段距离我们行驶了两个小时。

Бáбушка проéхала свою́ останóвку. 奶奶坐过了站。

пóльзоваться//воспóльзоваться [未//完成体]*чем* 使用,利用

Кáждый день мы пóльзуемся метрó. 我们每天都坐地铁。

Студéнты регуля́рно пóльзуются библиотéкой. 大学生们经常去图书馆。

подходи́ть//подойти́ [未//完成体]*к чемý* 或 *комý* 走近;适合,合身

Автóбус подхóдит к останóвке. 公共汽车驶进车站。

Подхóдят экзáмены. 临近考试了。

Ценá не подхóдит. 价钱不合适。

Гáлстук не подхóдит к костю́му. 领带与西服不搭配。

Это пальтó сестрé подхóдит. 这件大衣很适合妹妹。

предпочитáть//предпочéсть [未//完成体]*когó-что комý-чемý* 认为……比……更好,更喜欢

Я не люблю́ гóрод и предпочитáю жить в дерéвне. 我不喜欢城市,认为还是住在农村好。

Я предпочитáю пить винó. 我更喜欢喝葡萄酒。

Я предпочитáю веснý óсени. 我认为春天比秋天好。

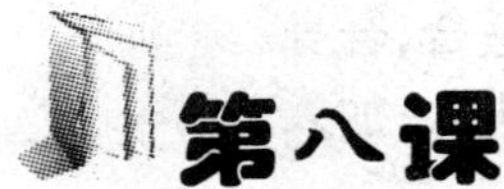

第八课

一、词汇导读

本课的词汇大多与季节、气候等相关，动词很多，需重点记忆。

二、词汇注释

кли́мат ［阳性］单数：*кли́мат，кли́мата，кли́мату，кли́мат，кли́матом，о кли́мате* 气候 жа́ркий кли́мат 炎热的气候 сухо́й кли́мат 干燥的气候

прогно́з ［阳性］单数：*прогно́з，прогно́за，прогно́зу，прогно́з，прогно́зом，о прогно́зе* 预报，预测 прогно́з пого́ды 天气预报

тепло́ ［中性］单数：*тепло́，тепла́，теплу́，тепло́，тепло́м，о тепле́* 暖和；零上气温 сиде́ть в тепле́ 坐在暖和的地方 Тепло́ наступи́ло. 暖和的天气来了。два гра́дуса тепла́ 零上 2 度

［副词］暖和 оде́ться тепло́ 穿得暖和 тепло́ принима́ть госте́й 热情接待客人

гра́дус ［阳性］单数：*гра́дус，гра́дуса，гра́дусу，гра́дус，гра́дусом，о гра́дусе*；复数：*гра́дусы，гра́дусов，гра́дусам，гра́дусы，гра́дусами，о гра́дусах* 度，度数 пять гра́дусов тепла́ 零上 5 度 де́сять гра́дусов моро́за 零下 10 度

прохла́дно ［副词］凉爽 На у́лице прохла́дно. 外边很凉快。

сла́бый ［形容词］*сла́бая，сла́бое，сла́бые* 体弱的，微弱的 сла́бое здо́ровье 身体弱 сла́бый ве́тер 微风 сла́бый студе́нт по учёбе 学习差的学生

ю́жный ［形容词］*ю́жная，ю́жное，ю́жные* 南方的 ю́жный ве́тер 南风 ю́жный кли́мат 南方的气候

никуда́ ［副词］哪里也（不）никуда́ не пое́хать 哪儿也不去

род ［阳性］单数：*род，ро́да，ро́ду，род，ро́дом，о ро́де* 出身阶层，出生地点 лю́ди ра́зного ро́да 各种人 Отку́да вы ро́дом? 您是哪里人？

ро́дина ［阴性］单数：*ро́дина，ро́дины，ро́дине，ро́дину，ро́диной，о ро́дине* 祖国，家乡 провести́ пра́здник Весны́ на ро́дине 在家乡过春节

Уха́нь ［阳性］单数：*Уха́нь，Уха́ня，Уха́ню，Уха́нь，Уха́нем，об Уха́не* 武汉 вы́расти в Уха́не 在武汉长大

тёплый ［形容词］*тёплая，тёплое，тёплые* 温暖的 тёплая пого́да 温暖的天气 тёплый приём 热情的接待

Гуанчжо́у ［阳性，不变化］广州 ро́дом в Гуанчжо́у 出生在广州

южа́нка ［阴性］单数：*южа́нка，южа́нки，южа́нке，южа́нку，южа́нкой，о южа́нке*；复数：

южа́нки, южа́нок, южа́нкам, южа́нок, южа́нками, о южа́нках 南方女人 Брат жени́лся на южа́нке. 弟弟娶了一个南方女孩。

северя́нка ［阴性］单数：*северя́нка, северя́нки, северя́нке, северя́нку, северя́нкой, о северя́нке*；复数：*северя́нки, северя́нок, северя́нкам, северя́нок, северя́нками, о северя́нках* 北方女人 стро́йная северя́нка 身材匀称的北方女人

до́лгий ［形容词］*до́лгая, до́лгое, до́лгие* 长时间的 до́лгая зима́ 漫长的冬天 Жела́ю вам до́лгой жи́зни! 祝您长寿!

сухо́й ［形容词］*суха́я, сухо́е, сухи́е* 干燥的，干旱的 сухо́й кли́мат 干燥的天气 сухо́й хлеб 干硬面包 сухи́е фру́кты 干果 сухо́е молоко́ 奶粉 сухо́е вино́ 干葡萄酒

золото́й ［形容词］*золота́я, золото́е, золоты́е* 金的；极好的 золота́я ры́ба 金鱼 золота́я о́сень 金色的秋天

жара́ ［阴性］单数：*жара́, жары́, жаре́, жару́, жаро́й, о жаре́* 热，炎热 ле́тняя жара́ 夏天的炎热 в жару́ 在炎热的天气

пра́вда ［阴性］单数：*пра́вда, пра́вды, пра́вде, пра́вду, пра́вдой, о пра́вде* 真理 газе́та «Пра́вда»《真理报》ве́рить в пра́вду 相信真理
［插入语］的确 Я, пра́вда, не знал об э́том. 这件事我真的不知道。

откры́тый ［形容词］*откры́тая, откры́тое, откры́тые* 露天的 откры́тый фильм 露天电影 откры́тый бассе́йн 露天游泳池 откры́тое по́ле 旷野

ассоции́роваться ［未完成体］*с чем* 现在时：*ассоции́руюсь, ассоции́руешься, ассоции́руется, ассоции́руемся, ассоции́руетесь, ассоции́руются*；过去时：*ассоции́ровался, ассоции́ровалась, ассоции́ровалось, ассоции́ровались* 与……联想起来 Росси́я ассоции́руется с моро́зом. 俄罗斯总让人把它和严寒联系在一起。

моро́з ［阳性］单数：*моро́з, моро́за, моро́зу, моро́з, моро́зом, о моро́зе* 寒冷 си́льный моро́з 严寒 Дед Моро́з 圣诞老人 два́дцать гра́дусов моро́за 零下20度

традицио́нный ［形容词］*традицио́нная, традицио́нное, традицио́нные* 传统的 традицио́нный пра́здник 传统节日 традицио́нный костю́м 传统服装

представле́ние ［中性］*о чём* 单数：*представле́ние, представле́ния, представле́нию, представле́ние, представле́нием, о представле́нии* 认识；概念；观念 получи́ть представле́ние о жи́зни 获得有关生活的知识 представле́ние иностра́нцев о Росси́и 外国人对俄罗斯的印象

сра́внивать ［未完成体］*кого́-что с кем-чем* 现在时：*сра́вниваю, сра́вниваешь, сра́внивает, сра́вниваем, сра́вниваете, сра́внивают*；过去时：*сра́внивал, сра́внивала, сра́внивало, сра́внивали*//***сравни́ть*** ［完成体］将来时：*сравню́, сра́внишь, сра́внит, сра́вним, сра́вните, сра́внят*；过去时：*сравни́л, сравни́ла, сравни́ло, сравни́ли* 比较，相对照 сравни́ть ю́ношу с де́вушкой 把小伙子和姑娘做比较 сравни́ть мо́лодость с весно́й 把青春比作春天

большинство́ ［中性］单数：*большинство́, большинства́, большинству́, большинство́,* *большинствóм, о большинствé* 大多数，大部分 большинствó стран Еврóпы 大多数欧洲国家 большинствó студéнтов 大多数学生

Еврóпа ［阴性］单数：*Еврóпа, Еврóпы, Еврóпе, Еврóпу, Еврóпой, о Еврóпе* 欧洲 экскýрсия по Еврóпе 欧洲旅行

европéйский ［形容词］*европéйская, европéйское, европéйские* 欧洲的 европéйская кýхня 西餐 европéйские блюда 西餐 европéйская медицúна 西医

напоминáть ［未完成体］*комý что* 或 *комý о чём* 或 *когó-что* 现在时：*напоминáю, напоминáешь, напоминáет, напоминáем, напоминáете, напоминáют*；过去时：*напоминáл, напоминáла, напоминáло, напоминáли//**напóмнить***［完成体］将来时：*напóмню, напóмнишь, напóмнит, напóмним, напóмните, напóмнят*；过去时：*напóмнил, напóмнила, напóмнило, напóмнили* 提醒，使想起；令人想起……；像……，和……很相像 напóмнить мне о собрáнии 提醒我开会 напоминáть отцá 长得像父亲

мнóгий ［形容词］*мнóгая, мнóгое, мнóгие* 很多的 мнóгие друзья́ 很多朋友

посвящáть ［未完成体］*что комý-чемý* 现在时：*посвящáю, посвящáешь, посвящáет, посвящáем, посвящáете, посвящáют*；过去时：*посвящáл, посвящáла, посвящáло, посвящáли//**посвятúть***［完成体］将来时：*посвящý, посвятúшь, посвятúт, посвятúм, посвятúте, посвятя́т*；过去时：*посвятúл, посвятúла, посвятúло, посвятúли* 献给，贡献 посвятúть себя́ наýке 献身科学 посвятúть все сúлы рабóте 把全部精力投入工作 посвятúть стихотворéние дрýгу 写一首诗给朋友

лýчший ［形容词］*лýчшая, лýчшее, лýчшие* 最好的，比较好的 лýчшее врéмя гóда 最好的季节 лýчший спортсмéн 优秀运动员

лирúческий ［形容词］*лирúческая, лирúческое, лирúческие* 抒情的 лирúческий поэ́т 抒情诗人

стихотворéние ［中性］单数：*стихотворéние, стихотворéния, стихотворéнию, стихотворéние, стихотворéнием, о стихотворéнии*；复数：*стихотворéния, стихотворéний, стихотворéниям, стихотворéния, стихотворéниями, о стихотворéниях* 诗歌 лирúческие стихотворéния 抒情诗

свя́занный ［被动形动词］*с кем-чем* 长尾：*свя́занная, свя́занное, свя́занные*；短尾：*свя́зан, свя́зана, свя́зано, свя́заны* 与……相关，与……相联系 Нáша рабóта тéсно свя́зана с рýсским языкóм. 我们的工作与俄语联系很紧密。Россúйские прáздники свя́заны с дóлгой зимóй. 俄罗斯的节日与漫长的冬季有关。

Рождествó ［中性］单数：*Рождествó, Рождествá, Рождествý, Рождествó, Рождествóм, о Рождествé* 圣诞节 ночь под Рождествó 圣诞前夜，平安夜 Седьмóе января́ — Рождествó в Россúи. 1月7日是俄罗斯的圣诞节。

дождлúвый ［形容词］*дождлúвая, дождлúвое, дождлúвые* 下雨的，多雨的 дождлúвое врéмя гóда 多雨的季节 дождлúвая погóда 多雨的天气

межсезóнье ［中性］单数：*межсезóнье, межсезóнья, межсезóнью, межсезóнье, межсезóньем,*

*о межсезо́нье*季节交替期间 дождли́вое межсезо́нье 多雨的季节变换期间

осе́нний ［形容词］*осе́нняя*，*осе́ннее*，*осе́нние* 秋天的 осе́нний семе́стр 秋季学期

свети́ть ［未完成体］现在时：*свечу́*，*све́тишь*，*све́тит*，*све́тим*，*све́тите*，*све́тят*；过去时：*свети́л*，*свети́ла*，*свети́ло*，*свети́ли* 照耀 Со́лнце све́тит. 阳光照耀。

после́дний ［形容词］*после́дняя*，*после́днее*，*после́дние* 最后的 после́дний сын в семье́ 家里最小的儿子 после́дний уро́к 最后一课 после́дние но́вости 最新消息

ле́тний ［形容词］*ле́тняя*，*ле́тнее*，*ле́тние* 夏季的 ле́тняя жара́ 夏季的炎热 ле́тние кани́кулы 暑假

со́лнышко ［中性］单数：*со́лнышко*，*со́лнышка*，*со́лнышку*，*со́лнышко*，*со́лнышком*，*о со́лнышке* 太阳 Со́лнышко све́тит. 太阳照耀。

при́нятый ［形容词］*при́нятая*，*при́нятое*，*при́нятые* 通常的，照例的 при́нятые пра́вила 公认的规则 В Кита́е при́нято называ́ть пе́рвое января́ по лу́нному календарю́ пра́здником Весны́. 在中国农历 1 月 1 日被称为春节。В аудито́рии не при́нято кури́ть. 教室里禁止吸烟。

листопа́д ［阳性］单数：*листопа́д*，*листопа́да*，*листопа́ду*，*листопа́д*，*листопа́дом*，*о листопа́де* 落叶，落叶时节 Осень наступи́ла，и начался́ листопа́д. 秋天来了，开始落叶了。

жа́ркий ［形容词］*жа́ркая*，*жа́ркое*，*жа́ркие* 热的 жа́ркое ле́то 炎热的夏天

пери́од ［阳性］单数：*пери́од*，*пери́ода*，*пери́оду*，*пери́од*，*пери́одом*，*о пери́оде* 时期 до́лгий пери́од 长时间 после́дний пери́од 末期

непродолжи́тельный ［形容词］*непродолжи́тельная*，*непродолжи́тельное*，*непродолжи́тельные* 时间不长的，短时期的 непродолжи́тельный пери́од 短期

шко́льный ［形容词］*шко́льная*，*шко́льное*，*шко́льные* 学校的 шко́льные кани́кулы 学校的假期 шко́льные го́ды 学生年代

о́тдых ［阳性］单数：*о́тдых*，*о́тдыха*，*о́тдыху*，*о́тдых*，*о́тдыхом*，*об о́тдыхе* 休息 о́тдых за грани́цей 在国外休假 дом о́тдыха 疗养所

да́ча ［阴性］单数：*да́ча*，*да́чи*，*да́че*，*да́чу*，*да́чей*，*о да́че*；复数：*да́чи*，*дач*，*да́чам*，*да́чи*，*да́чами*，*о да́чах* 别墅 да́да на окра́ине го́рода 市郊的别墅 проводи́ть о́тпуск на да́че 在别墅度假

наибо́лее ［副词］最 наибо́лее краси́вый го́род 最美城市

популя́рный ［形容词］*популя́рная*，*популя́рное*，*популя́рные* 普及的，流行的 популя́рная му́зыка 流行音乐 популя́рная пе́сня 流行歌曲 нау́чно-популя́рная литерату́ра 科普读物 непопуля́рные языки́ 非通用语种，小语种

пуга́ть ［未完成体］*кого́-что* 现在时：*пуга́ю*，*пуга́ешь*，*пуга́ет*，*пуга́ем*，*пуга́ете*，*пуга́ют*；过去时：*пуга́л*，*пуга́ла*，*пуга́ло*，*пуга́ли*//***испуга́ть***［完成体］使……害怕 пуга́ть ребёнка 吓唬孩子

центра́льный ［形容词］*центра́льная*，*центра́льное*，*центра́льные* 中心的，中央的 центра́льная часть 中心部分 центра́льные у́лицы го́рода 城市中心街道 центра́льные газе́ты 中央的报纸

расстра́иваться ［未完成体］现在时：*расстра́иваюсь*，*расстра́иваешься*，*расстра́ивается*，*расстра́иваемся*，*расстра́иваетесь*，*расстра́иваются*；过去时：*расстра́ивался*，*расстра́ивалась*，*расстра́ивалось*，*расстра́ивались*//***расстро́иться*** ［完成体］将来时：*расстро́юсь*，*расстро́ишься*，*расстро́ится*，*расстро́имся*，*расстро́итесь*，*расстро́ятся*；过去时：*расстро́ился*，*расстро́илась*，*расстро́илось*，*расстро́ились* 伤心，难过 Мать испуга́ла сы́на，и он расстро́ился. 母亲吓唬儿子，儿子很伤心。

сме́ло ［副词］勇敢地 сме́ло сказа́ть 大胆地说 сме́ло поступа́ть 敢干

三、词汇重点

южа́нин ［阳性］单数：*южа́нин*，*южа́нина*，*южа́нину*，*южа́нина*，*южа́нином*，*о южа́нине*；复数：*южа́не*，*южа́н*，*южа́нам*，*южа́н*，*южа́нами*，*о южа́нах* 南方人 Я ро́дом южа́нин и вы́рос на ю́жном берегу́ Кры́ма. 我出生在南方，在克里米亚半岛南岸长大。

［注意］южа́нин 变复数时-ин 脱落，加-е；复数各格特殊

дождь ［阳性］单数：*дождь*，*дождя́*，*дождю́*，*дождь*，*дождём*，*о дожде́*；复数：*дожди́*，*дожде́й*，*дождя́м*，*дожди́*，*дождя́ми*，*о дождя́х* 雨 Пошёл дождь. 下雨了。Идёт дождь. 正在下雨。

［注意］дождь 变格时重音后移

северя́нин ［阳性］单数：*северя́нин*，*северя́нина*，*северя́нину*，*северя́нина*，*северя́нином*，*о северя́нине*；复数：*северя́не*，*северя́н*，*северя́нам*，*северя́н*，*северя́нами*，*о северя́нах* 北方人 Мой друг северя́нин，он жена́т на южа́нке. 我的朋友是北方人，他娶了一个南方女孩。

［注意］северя́нин 变复数时-ин 脱落，加-е；复数各种特殊

пеки́нец ［阳性］单数：*пеки́нец*，*пеки́нца*，*пеки́нцу*，*пеки́нца*，*пеки́нцем*，*о пеки́нце*；复数：*пеки́нцы*，*пеки́нцев*，*пеки́нцам*，*пеки́нцев*，*пеки́нцами*，*о пеки́нцах* 北京人

зацвета́ть ［未完成体］现在时（第一、二人称不用）：*зацвета́ет*，*зацвета́ют*；过去时：*зацвета́л*，*зацвета́ла*，*зацве́тало*，*зацвета́ли*//***зацвести́*** ［完成体］将来时（第一、二人称不用）：*зацветёт*，*зацвету́т*；过去时：*зацвёл*，*зацвела́*，*зацвело́*，*зацвели́* 开始开花 Сад зацвёл. 花园里的花开了。

［注意］зацвести́ 变位和过去时特殊

красота́ ［阴性］单数：*красота́*，*красоты́*，*красоте́*，*красоту́*，*красото́й*，*о красоте́*；复数：*красо́ты*，*красо́т*，*красо́там*，*красо́ты*，*красо́тами*，*о красо́тах* 美；美貌；妙极了 красота́ жи́зни 生活的美好 красота́ де́вушки 姑娘的美丽 Отсю́да ви́дно красоту́. 从这儿可以看得见美景。

［注意］красота́ 的复数重音前移

хо́лод ［阳性］单数：*хо́лод*，*хо́лода*，*хо́лоду*，*хо́лод*，*хо́лодом*，*о хо́лоде*；复数：*холода́*， *холодо́в*, *холода́м*, *холода́*, *холода́ми*, *о холода́х* 寒冷 почу́вствовать хо́лод 感到冷 Наступи́ли холода́. 寒冷的季节到来了。

[注意]хо́лод 复数以-а́ 结尾,复数各格重音后移

достига́ть [未完成体] *чего́* 现在时: *достига́ю*, *достига́ешь*, *достига́ет*, *достига́ем*, *достига́ете*, *достига́ют*; 过去时: *достига́л*, *достига́ла*, *дости́гало*, *достига́ли*//***дости́гнуть***[完成体] 将来时: *дости́гну*, *дости́гнешь*, *дости́гнет*, *дости́гнем*, *дости́гнете*, *дости́гнут*; 过去时: *дости́г*, *дости́гла*, *дости́гло*, *дости́гли* 达到 дости́гнуть це́ли 达到目的地 дости́гнуть десяти́ гра́дусов моро́за 达到零下 10 度

[注意]дости́гнуть 过去时-нуть 脱落

часть [阴性]单数: *часть*, *ча́сти*, *ча́сти*, *часть*, *ча́стью*, *о ча́сти*; 复数: *ча́сти*, *часте́й*, *частя́м*, *ча́сти*, *частя́ми*, *о частя́х* 部分 европе́йская часть Росси́и 俄罗斯的欧洲部分 пе́рвая часть уче́бников «Ру́сский язы́к Восто́к»《大学俄语(东方)》第一册

[注意]часть 复数第二、三、五、六格重音后移

октя́брь [阳性]单数: *октя́брь*, *октября́*, *октябрю́*, *октя́брь*, *октябрём*, *об октябре́* 十月 Пя́тое октября́ — День учи́теля в Росси́и. 10 月 5 日是俄罗斯的教师节。

ба́бий [形容词] *ба́бья*, *ба́бье*, *ба́бьи* 农妇的,婆娘的 ба́бий го́лос 娘们的声音 ба́бье ле́то 晴和的初秋(小阳春)

[注意]ба́бий 的变化特殊

о́тпуск [阳性]单数: *о́тпуск*, *о́тпуска*, *о́тпуску*, *о́тпуск*, *о́тпуском*, *об о́тпуске* (*в о́тпуске* 或 *отпуску́*); 复数: *отпуска́*, *отпуско́в*, *отпуска́м*, *отпуска́*, *отпуска́ми*, *об отпуска́х* 休假;假期 взять о́тпуск на две неде́ли 请两周假 дать о́тпуск 给假 уе́хать в о́тпуск 去休假 верну́ться из о́тпуска 休假回来 Оте́ц сейча́с в о́тпуске. 父亲在休假。

[注意]о́тпуск 复数以-а́ 结尾,复数各格重音后移

四、词汇记忆

кли́мат	气候	climate
прогно́з	预报,预测	forecast
тепло́	暖和;零上气温;暖和	warmth; warmly
гра́дус	度,度数	degree
род	出身阶层,出生地点	race, kin
южа́нин	南方人	southerner
ро́дина	祖国,家乡	home, homeland
Уха́нь	武汉	Wuhan
дождь	雨	rain

Гуанчжóу	广州	Guangzhou
южáнка	南方女人	southern woman
северя́нин	北方人	northerner
северя́нка	北方女人	northern woman
пеки́нец	北京人	Beijing resident
врéмя гóда	季节	season
жарá	热,炎热	hot weather
прáвда	真理;的确	truth;admittedly
красотá	美;美貌;妙极了	beauty,loveliness
слáбый	体弱的,微弱的	weak
ю́жный	南方的	southern
тёплый	温暖的	warm
дóлгий	长时间的	long
сухóй	干燥的,干旱的	dry,arid
золотóй	金色的;极好的	golden,gold
откры́тый	露天的	open,opened
зацветáть//зацвести́	开始开花	bloom
прохлáдно	凉爽	coolly,coldly
никудá	哪里也(不)	anywhere,nowhere

морóз	严寒	frost,freezing temperatures
хóлод	寒冷	cold,frost
представлéние	认识;概念;观念	representation;concept;perception
большинствó	大多数,大部分	majority
Еврóпа	欧洲	Europe
ми́нус	零下(指温度)	minus,negative sign
часть	部分	part,portion
стихотворéние	诗歌	poem,poetry
Рождествó	圣诞节	Christmas
межсезóнье	季节交替期间	close season
октя́брь	十月	Octomber
сóлнышко	太阳	sun
листопáд	落叶,落叶时节	leaf fall,fall
пери́од	时期	period
óтпуск	休假;假期	holiday,vacation
óтдых	休息	rest,relax
дáча	别墅	dacha
традициóнный	传统的	traditional
европéйский	欧洲的	European
мнóгий	很多的	many

лу́чший	最好的	best
лири́ческий	抒情的	lyrical
свя́занный	与……相关,与……相联系	related,connected
дождли́вый	下雨的,多雨的	rainy
осе́нний	秋天的	autumn,autumnal
после́дний	最后的	last,past
ле́тний	夏季的	summer
при́нятый	通常的,照例的	adopted,accepted
ба́бий	农妇的,婆娘的	womanish
жа́ркий	热的	hot
непродолжи́тельный	时间不长的,短时期的	short
шко́льный	学校的	school
популя́рный	普及的,流行的	popular
центра́льный	中心的,中央的	central
ассоции́роваться	与……联想起来	to be associated
сра́внивать//сравни́ть	比较,相对照	to compare
достига́ть//дости́гнуть	达到	to reach,achieve
напомина́ть//напо́мнить	提醒,使想起;令人想起……;像……,和……很相像	to remind;to resemble;to like,reminiscent
посвяща́ть//посвяти́ть	献给,贡献	to devote, spend
свети́ть	照耀	to shine
пуга́ть//испуга́ть	使……害怕	to terrify,startle
расстра́иваться//расстро́иться	伤心,难过	to get upset,disappointed
наибо́лее	最	best
сме́ло	勇敢地	bravely

五、词汇造句

ассоции́роваться

[未完成体]*с чем* 与……联想起来

Пеки́н ассоции́руется с Музе́ем Гугу́н. 北京总让人想起故宫。

Кита́й ассоции́руется с Вели́кой Кита́йской стено́й. 中国总是与长城联系在一起。

сра́внивать//сравни́ть

[未//完成体]*кого́-что с кем-чем* 比较,相对照

В рестора́не мы сравни́ли европе́йские блю́да с кита́йскими по вку́су. 在饭店我们对西餐和中餐的味道进行了比较。

Наро́д Кита́я сра́внивает Ро́дину с ма́терью. 中国人把祖国比作母亲。

достига́ть//дости́гнуть [未//完成体] *чего́* 达到

К ве́черу они́ дости́гли го́рода. 傍晚他们到达城市。

Молоды́е лю́ди дости́гли больши́х успе́хов в рабо́те. 年轻人在工作中取得优异成绩。

Температу́ра дости́гла ми́нус десяти́ гра́дусов. 温度达到了零下 10 度。

напомина́ть//напо́мнить [未//完成体] *кому́ что* 或 *кому́ о чём* 或 *кого́-что* 提醒，使想起；令人想起……；像……，和……很相像

Ста́роста напо́мнил мне о собра́нии. 班长提醒我开会。

Преподава́тель грамма́тики ещё раз напомина́ет нам, что за́втра бу́дет контро́льная рабо́та. 语法老师再一次提醒我们明天要测验。

Эти дома́ и у́лицы напо́мнили мне мой родно́й го́род. 这些房子和街道使我想起了我的家乡。

Он лицо́м напомина́ет мне ста́рого дру́га. 他的脸长得像我的一个老朋友。

Сын напомина́ет отца́. 儿子长得像父亲。

Эта гора́ напомина́ет ша́пку. 这座山像一顶帽子。

посвяща́ть//посвяти́ть [未//完成体] *что кому́-чему́* 献给，贡献

Учёный посвяти́л всю жизнь нау́ке. 科学家把一生献给了科学事业。

Муж посвяти́л себя́ своему́ де́лу. 丈夫投身事业。

Поэ́т посвяти́л не́сколько стихотворе́ний росси́йской зиме́. 诗人写了几首诗献给俄罗斯的冬天。

第九课

一、词汇导读

本课以休假为主题，记住更多俄罗斯地名和与休假相关的动词。

二、词汇注释

выходнóй ［形容词或名词］*выходнáя, выходнóе, выходны́е* 休假的；休假日 выходнóй день 休息日 в выходны́е дни 在休息日，在周末

óтдых ［阳性］单数：*óтдых, óтдыха, óтдыху, óтдых, óтдыхом, об óтдыхе* 休息 дом óтдыха 疗养所 óтдых на мóре 在海边休假

кудá-нибудь ［副词］随便去什么地方 поéхать кудá-нибудь 随便去什么地方

впрóчем ［连接词］可见，不过 Фильм хорóший, впрóчем ты сам уви́дишь. 电影很好，不过最好你自己去看。

［插入语］其实，还是 Вот вам совéт — впрóчем, как хоти́те. 这就是给您的建议，不过，听不听由您。

купáться ［未完成体］现在时：*купáюсь, купáешься, купáется, купáемся, купáетесь, купáются* 过去时：*купáлся, купáлась, купáлось, купáлись*//***вы́купаться***［完成体］洗澡；沐浴 купáться в откры́том бассéйне 在露天泳池游泳 купáться в вáнной 在浴室沐浴

лови́ть ［未完成体］*когó-что* 现在时：*ловлю, лóвишь, лóвит, лóвим, лóвите, лóвят*；过去时：*лови́л, лови́ла, лови́ло, лови́ли*//***поймáть***［完成体］将来时：*поймáю, поймáешь, поймáет, поймáем, поймáете, поймáют*；过去时：*поймáл, поймáла, поймáло, поймáли* 捕，捉 поймáть ры́бу 钓鱼 лови́ть птиц 捕鸟

загорáть ［未完成体］现在时：*загорáю, загорáешь, загорáет, загорáем, загорáете, загорáют*；过去时：*загорáл, загорáла, загорáло, загорáли*//***загорéть***［完成体］将来时：*загорю́, загори́шь, загори́т, загори́м, загори́те, загоря́т* 晒太阳 загорáть на мóре 在海边晒太阳

лáзить ［未完成体］现在时：*лáжу, лáзишь, лáзит, лáзим, лáзите, лáзят*；过去时：*лáзил, лáзила, лáзило, лáзили*（不定向）爬，攀登 лáзить на дéрево 爬树 лáзить по горáм 爬山

любовáться ［未完成体］*кем-чем* 现在时：*любу́юсь, любу́ешься, любу́ется, любу́емся, любу́етесь, любу́ются*；过去时：*любовáлся, любовáлась, любовáлось,* любова́лись欣赏，观赏 любова́ться красото́й 欣赏美景 любова́ться пейза́жем 欣赏风景 любова́ться восхо́дом со́лнца 看日出

восхо́д ［阳性］单数：*восхо́д*，*восхо́да*，*восхо́ду*，*восхо́д*，*восхо́дом*，*о восхо́де*（日、月等的）出，升 восхо́д со́лнца 日出

план ［阳性］单数：*план*，*пла́на*，*пла́ну*，*план*，*пла́ном*，*о пла́не*；复数：*пла́ны*，*пла́нов*，*пла́нам*，*пла́ны*，*пла́нами*，*о пла́нах* 计划 уче́бный план 教学计划 план на сле́дующий год 明年的计划 пода́ть план 提交计划

Байка́л ［阳性］单数：*Байка́л*，*Байка́ла*，*Байка́лу*，*Байка́л*，*Байка́лом*，*о Байка́ле* 贝加尔（湖）провести́ о́тпуск на Байка́ле 在贝加尔湖度假 красота́ Байка́ла 贝加尔湖的美景

мысль ［阴性］单数：*мысль*，*мы́сли*，*мы́сли*，*мысль*，*мы́слью*，*о мы́сли* 思想；想法 У меня́ появи́лась мысль. 我有一个想法。

скуча́ть ［未完成体］*о ком-чём* 或 *по кому́-чему́* 现在时：*скуча́ю*，*скуча́ешь*，*скуча́ет*，*скуча́ем*，*скуча́ете*，*скуча́ют*；过去时：*скуча́л*，*скуча́ла*，*скуча́ло*，*скуча́ли* 感到寂寞；想念，怀念 скуча́ть без рабо́ты 闲得无聊 скуча́ть по де́тям 想孩子 скуча́ть о до́ме 想家

подыша́ть ［完成体］*чем* 将来时：*подышу́*，*поды́шишь*，*поды́шит*，*поды́шим*，*поды́шите*，*поды́шат*；过去时：*подыша́л*，*подыша́ла*，*подыша́ло*，*подыша́ли* 呼吸 подыша́ть све́жим во́здухом 呼吸一下新鲜空气

во́здух ［阳性］单数：*во́здух*，*во́здуха*，*во́здуху*，*во́здух*，*во́здухом*，*о во́здухе* 空气 све́жий во́здух 新鲜空气 отдыха́ть на во́здухе 在户外休息

зна́чит ［插入语］那么，就是说 Зна́чит，мы уже́ вы́полнили план. 这就是说，我们已经完成了计划。

поле́зный ［形容词］*поле́зная*，*поле́зное*，*поле́зные* 有益的，有好处的；有用的 поле́зное де́ло 有益的事 поле́зный сове́т 有益的忠告 поле́зная мысль 好想法

самолёт ［阳性］单数：*самолёт*，*самолёта*，*самолёту*，*самолёт*，*самолётом*，*о самолёте*；复数：*самолёты*，*самолётов*，*самолётам*，*самолёты*，*самолётами*，*о самолётах* 飞机 биле́т на самолёт 飞机票 Самолёт лети́т на ю́го-восто́к. 飞机向东南飞去。Самолёт подня́лся в во́здух. 飞机升上天空。Самолёт спусти́лся в аэропо́рт. 飞机降落在机场。

прие́зд ［阳性］单数：*прие́зд*，*прие́зда*，*прие́зду*，*прие́зд*，*прие́здом*，*о прие́зде* 到达，来到 прие́зд на ро́дину 回到家乡

Во́лга ［阴性］单数：*Во́лга*，*Во́лги*，*Во́лге*，*Во́лгу*，*Во́лгой*，*о Во́лге* 伏尔加河 загора́ть на Во́лге 在伏尔加河边晒太阳

теплохо́д ［阳性］单数：*теплохо́д*，*теплохо́да*，*теплохо́ду*，*теплохо́д*，*теплохо́дом*，*о теплохо́де*；复数：*теплохо́ды*，*теплохо́дов*，*теплохо́дам*，*теплохо́ды*，*теплохо́дами*，*о теплохо́дах* 内燃机船；柴油机船 пла́вать на теплохо́де 乘船 пла́вать по Во́лге 沿伏尔加河航行

пейза́ж ［阳性］单数：*пейза́ж*，*пейза́жа*，*пейза́жу*，*пейза́ж*，*пейза́жем*，*о пейза́же* 风景，景色；风景画 пейза́ж приро́ды 大自然的风景 любова́ться пейза́жем 欣

赏风景 Над столóм виси́т пейзáж. 桌子上方挂着一幅风景画。

Сóчи ［阳性，不变格］索契 провести́ óтпуск в Сóчи 在索契度假

прирóда ［阴性］单数：*прирóда，прирóды，прирóде，прирóду，прирóдой，о прирóде*（大）自然 пейзáж прирóды 大自然的风景 представлéние о прирóде 对大自然的观念

возвращéние ［中性］单数：*возвращéние，возвращéния，возвращéнию，возвращéние，возвращéнием，о возвращéнии* 返回，回来 возвращéние из-за грани́цы 从国外回来

чудéсный ［形容词］*чудéсная，чудéсное，чудéсные* 美妙的 чудéсные пейзáжи 美妙的风景

шýтка ［阴性］单数：*шýтка，шýтки，шýтке，шýтку，шýткой，о шýтке*；复数：*шýтки，шýток，шýткам，шýтки，шýтками，о шýтках* 玩笑 сказáть э́то в шýтку 把这件事当玩笑说

укрепнýть ［完成体］*когó-что в чём* 将来时：*упрекнý，упрекнёшь，упрекнёт，упрекнём，упрекнёте，упрекнýт*；过去时：*упрекнýл，упрекнýла，упрекнýло，упрекнýли*//***упрекáть***［未完成体］现在时：*упрекáю，упрекáешь，упрекáет，упрекáем，упрекáете，упрекáют*；过去时：*упрекáл，упрекáла，упрекáло，упрекáли* 责备，指责 упрекáть детéй 指责孩子 упрекáть студéнтов в оши́бках на экзáмене 指责学生考试中所犯的错误

и́менно ［语气词］也就是，确切说；正是 Мне нужнá и́менно э́та кни́га. 我需要的正是这本书。

весéнний ［形容词］*весéнняя，весéннее，весéнние* 春天的 весéнний семéстр 春季学期 весéнний вéтер 春风

хотéться ［未完成体］*чегó комý* 现在时（无人称）：*хóчется*；过去时（无人称）：*хотéлось* 想，想要 хотéться ми́ра 希望和平 хотéться счáстья 希望幸福 Мне хóчется поступи́ть на фáбрику рабóтать. 我想去工厂工作。Ей хотéлось стать медсестрóй. 她曾想当护士。

рáдостный ［形容词］*рáдостная，рáдостное，рáдостные* 高兴的 рáдостное дéло 高兴的事

итáк ［连接词］这样一来，于是；总之 Итáк，мы разреши́ли слóжные вопрóсы. 这样一来我们就解决了复杂的问题。

фрáза ［阴性］单数：*фрáза，фрáзы，фрáзе，фрáзу，фрáзой，о фрáзе*；复数：*фрáзы，фраз，фрáзам，фрáзы，фрáзами，о фрáзах* 句，语句 состáвить фрáзу 造句 слóжная фрáза 复杂的句子，复合句 трýдная фрáза 难句

зави́сеть ［未完成体］*от когó-чегó* 现在时：*зави́шу，зави́сишь，зави́сит，зави́сим，зави́сите，зави́сят*；过去时：*зави́сел，зави́села，зави́село，зави́сели* 受……支配，依赖；由……决定，取决于……Всё зави́сит от врéмени и мéста. 一切取决于时间和地点。Счáстье зави́сит от нáшего трудá. 幸福取决于我们的努力。

располагáть ［未完成体］*чем* 现在时：*располагáю，располагáешь，располагáет，располагáем，располагáете，располагáют*；过去时：*располагáл，располагáла，распола-*

гáло, располагáли 拥有，具有 располагáть свобóдным врéменем 拥有空闲时间 располагáть деньгáми 拥有金钱

бýдни ［复数］*бýдней, бýдням, бýдни, бýднями, о бýднях* 工作日 в бýдни 在平日，在工作日

разгуля́ться ［完成体］将来时：*разгуля́юсь, разгуля́ешься, разгуля́ется, разгуля́емся, разгуля́етесь, разгуля́ются*；过去时：*разгуля́лся, разгуля́лась, разгуля́лось, разгуля́лись* 散步消愁，散心；玩得不肯睡觉 разгуля́ться в садý 在花园散心

мáсса ［阴性］单数：*мáсса, мáссы, мáссе, мáссу, мáссой, о мáссе*；复数：*мáссы, масс, мáссам, мáссы, мáссами, о мáссах* 许多，大量；群众 мáсса ошúбок в сочинéнии 作文中大量错误 мáсса дéнег 大量的金钱 вéрить в мáссы 相信群众

объéздить ［完成体］*что* 将来时：*объéзжу, объéздишь, объéздит, объéздим, объéздите, объéздят*；过去时：*объéздил, объéздила, объéздило, объéздили*//***объезжáть***［未完成体］现在时：*объезжáю, объезжáешь, объезжáет, объезжáем, объезжáете, объезжáют*；过去时：*объезжáл, объезжáла, объезжáло, объезжáли*（乘车等）走遍 объéздить все магазúны 走遍所有商店 объéздить Парúж 走遍巴黎

Парúж ［阳性］单数：*Парúж, Парúжа, Парúжу, Парúж, Парúжем, о Парúже* 巴黎 экскýрсия по Парúжу 巴黎旅行

Итáлия ［阴性］单数：*Итáлия, Итáлии, Итáлии, Итáлию, Итáлией, об Итáнии* 意大利 сóлнечная Итáлия 阳光明媚的意大利

кстáти ［副词］恰好；顺便 Дéньги пришлú кстáти. 钱来得正是时候。А я, кстáти, э́того и не знáю. 顺便说一下，这件事我并不知道。

трудогóлик ［阳性］单数：*трудогóлик, трудогóлика, трудогóлику, трудогóлика, трудогóликом, о трудогóлике*；复数：*трудогóлики, трудогóликов, трудогóликам, трудогóликов, трудогóликами, о трудогóликах* 工作狂

прáвильно ［副词］正确 прáвильно ответúть на вопрóсы 正确回答问题

организóвывать ［未完成体］*что* 现在时：*организóвываю, организóвываешь, организóвывает, организóвываем, организóвываете, организóвывают*；过去时：*организóвывал, организóвывала, организóвывало, организóвывали*//***организовáть***［未或完成体］现在时或将来时：*организýю, организýешь, организýет, организýем, организýете, организýют*；过去时：*организовáл, организовáла, организовáло, организовáли* 组织；安排 организовáть вéчер 组织晚会 организовáть жизнь 安排生活

представля́ть ［未完成体］*когó-что комý* 现在时：*представля́ю, представля́ешь, представля́ет, представля́ем, представля́ете, представля́ют*；过去时：*представля́л, предствля́ла, представля́ло, представля́ли*//***предстáвить***［完成体］将来时：*предстáвлю, предстáвишь, предстáвит, предстáвим, предстáвите, предстáвят*；过去时：*предстáвил, предстáвила, предстáвило, предстáвили* 提交；向……介绍；想象 предстáвить докумéнт 提交文件

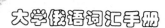

представить план 提交计划 представить вам моего друга 把我的朋友介绍给您 представить нового учителя ученикам 把新老师介绍给学生 представить (себе) утро в лесу 想象森林的早晨 представить светлое будущее 想象光明的未来

зато [连接词]但是

пытаться [未完成体]现在时:*пытаюсь, пытаешься, пытается, пытаемся, пытаетесь, пытаются*;过去时:*пытался, пыталась, пыталось, пытались*//***попытаться***[完成体]试图,企图 пытаться встать 试图站起来 пытаться достать билет на самолёт 想买到飞机票

пословица [阴性]单数:*пословица, пословицы, пословице, пословицу, пословицей, о пословице*;复数:*пословицы, пословиц, пословицам, пословицы, пословицами, о пословицах* 谚语 русская пословица 俄罗斯谚语

потеха [阴性]单数:*потеха, потехи, потехе, потеху, потехой, о потехе* 玩,娱乐,消遣 Делу время, потехе час. (谚语)工作和娱乐各有定时。

вытащить [完成体] *кого-что* 将来时:*вытащу, вытащишь, вытащит, вытащим, вытащите, вытащат*;过去时:*вытащил, вытащила, вытащило, вытащили*//***вытаскивать***[未完成体]现在时:*вытаскиваю, вытаскиваешь, вытаскивает, вытаскиваем, вытаскиваете, вытаскивают*;过去时:*вытаскивал, вытаскивала, вытаскивало, вытаскивали* 拖出,拉出,搬出 вытащить лодку на берег 把船拉上岸 вытащить книгу с этажерки 把书从书架上取下来

рыбка [阴性]单数:*рыбка, рыбки, рыбке, рыбку, рыбкой, о рыбке*;复数:*рыбки, рыбок, рыбкам, рыбок, рыбками, о рыбках* 小鱼 золотая рыбка 金鱼

скучновато [副词]有些寂寞;有点无聊;有些枯燥 Мне скучновато. 我感到寂寞。

 三、词汇重点

лес [阳性]单数:*лес, леса, лесу, лес, лесом, о лесе (в лесу)*;复数:*леса, лесов, лесам, леса, лесами, о лесах* 树林,森林 окраина леса 森林边缘 стоять в лесу 站在森林里 проехать лес 穿过森林

[注意]лес 与 в 连用时单数第六格为 лесу;лес 复数以-а 结尾,复数各格重音后移

душа [阴性]单数:*душа, души, душе, душу, душой, о душе*;复数:*души, душ, душам, души, душами, о душах* 心灵,内心 красота души 心灵美 инженер человеческих душ 人类灵魂的工程师 говорить по душам 谈心 весело на душе 心情愉快

[注意]душа 单数第四格和复数各格重音前移

пруд [阳性]单数:*пруд, пруда, пруду, пруд, прудом, о пруде (в пруду)*;复数:

пруды́, прудо́в, пруда́м, пруды́, пруда́ми, о пруда́х 池塘，水池 лови́ть ры́бу в пруду́ 在池塘钓鱼

［注意］пруд 与 в 连用时单数第六格为 пруду́；变格时重音后移

四、词汇记忆

о́тдых 休息 rest, relax

лес 树林，森林 forest

восхо́д （日、月等的）出，升 sun rise, rising

план 计划 plan

Байка́л 贝加尔（湖） Baikal

мысль 思想；想法 thought, think

во́здух 空气 air

самолёт 飞机 aircraft, airplane

прие́зд 到达，来到 arrival

Во́лга 伏尔加河 Volga

теплохо́д 内燃机船；柴油机船 ship, boat

пейза́ж 风景，景色；风景画 scenery

Со́чи 索契 Sochi

приро́да （大）自然 nature

возвраще́ние 返回，回来 return

выходно́й 休假的；休假日 weekend

поле́зный 有益的，有好处的；有用的 useful, beneficial

чуде́сный 美妙的 wonderful

купа́ться//вы́купаться 洗澡；沐浴 to bathe

лови́ть//пойма́ть 捕，捉 to catch

загора́ть//загоре́ть 晒黑 to sunbathe

ла́зить （不定向）爬，攀登 to climb

любова́ться 欣赏，观赏 to admire, enjoy

скуча́ть 感到寂寞；想念，怀念 to miss, homesick

подыша́ть 呼吸 to breathe

куда́-нибудь 随便去什么地方 somewhere

впро́чем 可是，不过；其实，还是 however, then again

зна́чит 那么，就是说 it/means

шу́тка 玩笑 joke

душа́ 心灵，内心 soul

фра́за 句，语句 phrase, sentence

бу́дни 工作日 weekday

ма́сса	许多,大量;群众	mass
Пари́ж	巴黎	Paris
Ита́лия	意大利	Italy
трудого́лик	工作狂	workaholic
посло́вица	谚语	adage, saying goes
поте́ха	玩,娱乐,消遣	fun
пруд	池塘,水池	pond
ры́бка	小鱼	fish
весе́нний	春天的	spring
ра́достный	高兴的	joyful
упрека́ть//упрекну́ть	责备,指责	to reproach, upbraid
хоте́ться	想,想要	to want
зави́сеть	受……支配,依赖;由……决定,取决于……	to depend
располага́ть	拥有,具有	to have, possess
разгуля́ться	散步消愁,散心;玩得不肯睡觉	to spree
объезжа́ть//объе́здить	(乘车等)走遍	to travel
организо́вывать//организова́ть	组织;安排	to argahize
пыта́ться//попыта́ться	试图,企图	to try, attempt
представля́ть//предста́вить	提交;向……介绍;想象	to present; to imagine
выта́скивать//вы́тащить	拖出,拉出,搬出	to pull, drag
и́менно	也就是,确地说;正是	exactly, just
ита́к	这样一来,于是;总之	so, therefore
кста́ти	恰好;顺便	by the way
пра́вильно	正确	correctly
зато́	但是	but
скучнова́то	有些寂寞;有点无聊;有些枯燥	boringly

五、词汇造句

любова́ться [未完成体] *чем* 欣赏,观赏

Мы любу́емся восхо́дом со́лнца на горе́. 我们在山上看日出。

Тури́сты любу́ются красото́й на Байка́ле. 游客欣赏贝加尔湖的美景。

скуча́ть [未完成体] *о ком-чём* 或 *по кому́-чему́* 或 *по ком-чём* 感到寂寞;想念,怀念

Я скуча́ю без друзе́й. 没有朋友我感到很寂寞。

Мать скуча́ет по нас. 母亲很想念我们。

Я здесь живу́ де́сять лет, но всё вре́мя скуча́ю по ро́дине. 我在这儿生活十年了，但总是想念家乡。

упрека́ть//упрекну́ть ［未//完成体］*кого́-что в чём* 责备，指责

Мать ча́сто упрека́ет дете́й в том, что они́ не во́время выполня́ют дома́шние зада́ния. 母亲经常指责孩子们不按时完成作业。

Все упрекну́ли его́ в том, что он бро́сил дру́га в беде́. 大家都指责他置朋友于危难而不顾。

хоте́ться ［未完成体］*кому́* 想，想要

Дру́гу хо́чется пое́хать путеше́ствовать по Евро́пе. 朋友想去欧洲旅行。

Нам хоте́лось разреши́ть все сло́жные вопро́сы. 我们想解决所有复杂的问题。

зави́сеть ［未完成体］*от кого́-чего́* 受……支配，依赖；由……决定，取决于……

Де́ти зави́сят от роди́телей. 孩子们依赖父母。

Успе́х зави́сит от на́шего труда́. 成功取决于我们的努力。

располага́ть ［未完成体］*чем* 拥有，具有

Молоды́е лю́ди располага́ют мно́гим свобо́дным вре́менем. 年轻人拥有大量自由时间。

Дире́ктор компа́нии располага́ет деньга́ми и специали́стами по своему́ де́лу. 公司经理拥有资金和内行专家。

организо́вывать//организова́ть ［未//未或完成体］*что* 组织；安排

По суббо́там университе́т организу́ет дискоте́ку. 每周六学校组织迪斯科舞会。

Студе́нты хорошо́ организова́ли своё вре́мя и сда́ли экза́мены на пятёрку. 大学生们合理安排好时间，考试成绩都是优秀。

пыта́ться//попыта́ться ［未//完成体］试图，企图

Больно́й пыта́лся встать, но не смог. 病人想站起来，但没能站起来。

Я попыта́юсь доста́ть биле́ты на конце́рт. 我尝试弄到音乐会的门票。

представля́ть//предста́вить ［未//完成体］*кого́-что кому́* 提交；向……介绍；想象

Специали́сты предста́вили план на сле́дующий год на фа́брику. 专家们把明年的计划提交给工厂了。

Студе́нт предста́вил студе́нческий биле́т дека́ну филологи-

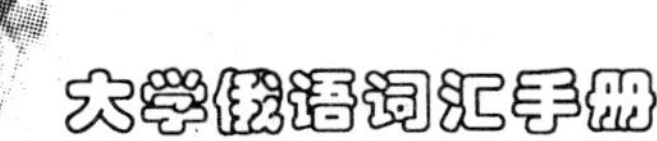

ческого факультéта. 大学生把学生证交给语文系主任了。

Мéнеджер предстáвил нам нóвого сотрýдника. 经理把新员工介绍给我们。

Разреши́те предстáвить вам моѝ женý. 请允许我把我妻子介绍给你们。

Он не мог предстáвить жизнь без друзéй. 没有朋友的生活他不能想象。

Трýдно предстáвить жизнь без мýзыки. 很难想象没有音乐的生活。

затó ［连接词］但是

Кóмната мáленькая, затó свéтлая. 房间很小，但很明亮。

Рабóта нелёгкая, затó зарплáта соли́дная. 工作不轻松，但薪水不错。

第十课

一、词汇导读

本课主题是电话交谈，需记住打电话的各种词汇。

二、词汇注释

случа́йно [副词]偶然 случа́йно встре́титься со ста́рым дру́гом 偶然遇见老朋友
[插入语]顺便问一下 Вы, случа́йно, не зна́ете а́дрес моего́ новосе́лья? 顺便问一下，你不知道我新居的地址吗？

моби́льный [形容词]*моби́льная, моби́льное, моби́льные* 移动的 моби́льный телефо́н 手机

рабо́чий [形容词]*рабо́чая, рабо́чее, рабо́чие* 办公的 рабо́чий телефо́н 办公室电话 рабо́чий костю́м 工作服 рабо́чее вре́мя 工作时间

записа́ть [完成体]*кого́-что* 将来时：*запишу́, запи́шешь, запи́шет, запи́шем, запи́шете, запи́шут*；过去时：*записа́л, записа́ла, записа́ло, записа́ли*// ***запи́сывать*** [未完成体]现在时：*запи́сываю, запи́сываешь, запи́сывает, запи́сываем, запи́сываете, запи́сывают*；过去时：*запи́сывал, запи́сывала, запи́сывало, запи́сывали* 记录下来，给……注册；给……挂号 записа́ть телефо́н 记电话号码 записа́ть но́вые слова́ в тетра́дь 把生词记到练习本里 записа́ть сы́на в шко́лу 给儿子报名入学 записа́ть пацие́нта на приём к врачу́ 给患者挂号看病

дозвони́ться [完成体]将来时：*дозвоню́сь, дозвони́шься, дозвони́тся, дозвони́мся, дозвони́тесь, дозвоня́тся*；过去时：*дозвони́лся, дозвони́лась, дозвони́лось, дозвони́лись*// ***дозва́ниваться***[未完成体]现在时：*дозва́ниваюсь, дозва́ниваешься, дозва́нивается, дозва́ниваемся, дозва́ниваетесь, дозва́ниваются*；过去时：*дозва́нивался, дозва́нивалась, дозва́нивалось, дозва́нивались* 打通电话 не дозвони́ться к ре́ктоту 没打通校长的电话

ре́ктор [阳性]单数：*ре́ктор, ре́ктора, ре́ктору, ре́ктора, ре́ктором, о ре́кторе*；复数：*ре́кторы, ре́кторов, ре́кторам, ре́кторов, ре́кторами, о ре́кторах*（大学）校长 ре́ктор МГУ 莫斯科大学校长 ре́ктор Госуда́рственного институ́та ру́сского языка́ и́мени А. С. Пу́шкина 国立普希金俄语学院院长

гла́вный [形容词]*гла́вная, гла́вное, гла́вные* 主要的；总的；职位高的 гла́вная роль 主角 гла́вный инжене́р 总工程师 гла́вный врач 主治医生

пусть [语气词]让……,愿……Пусть он придёт. 让他来吧。

уе́хать [完成体]完成体:*уе́ду, уе́дешь, уе́дет, уе́дем, уе́дете, уе́дут*;过去时:*уе́хал, уе́хала, уе́хало, уе́хали*//***уезжа́ть***[未完成体]现在时:*уезжа́ю, уезжа́ешь, уезжа́ет, уезжа́ем, уезжа́ете, уезжа́ют*;过去时:*уезжа́л, уезжа́ла, уезжа́ло, уезжа́ли*(乘车等)动身,离开 уе́хать в Пеки́н 去北京 уе́хать на рабо́ту 去上班 уе́хать с рабо́ты 下班

спра́вочная [阴性]单数:*спра́вочная, спра́вочной, спра́вочной, спра́вочную, спра́вочной, о спра́вочной* 问询处 спра́вочная вокза́ла 火车站问询处 спра́вочная аэропо́рта 机场问询处

расписа́ние [中性]单数:*расписа́ние, расписа́ния, расписа́нию, расписа́ние, расписа́нием, о расписа́нии*;复数:*расписа́ния, расписа́ний, расписа́ниям, расписа́ния, расписа́ниями, о расписа́ниях* 时间表,时刻表 расписа́ние заня́тий 课程表 расписа́ние поездо́в 列车时刻表

Шанха́й [阳性]单数:*Шанха́й, Шанха́я, Шанха́ю, Шанха́й, Шанха́ем, о Шанха́е* 上海 прибы́ть в Шанха́й на теплохо́де 坐船抵达上海

гости́ница [阴性]单数:*гости́ница, гости́ницы, гости́нице, гости́ницу, гости́ницей, о гости́нице*;复数:*гости́ницы, гости́ниц, гости́ницам, гости́ницы, гости́ницами, о гости́ницах* 旅馆,饭店 останови́ться в гости́нице 住宾馆 номера́ с ду́шем в гости́нице 带淋浴的宾馆房间

заброни́ровать [完成体]*что* 将来时:*заброни́рую, заброни́руешь, заброни́рует, заброни́руем, заброни́руете, заброни́руют*;过去时:*заброни́ровал, заброни́ровала, заброни́ровало, заброни́ровали*//***брони́ровать***[未完成体]专为某人保留(票、席位等)заброни́ровать но́мер в гости́нице 订宾馆里的一个房间 заброни́ровать ме́сто в до́ме о́тдыха 订疗养所的一个床位

возмо́жный [形容词]*возмо́жная, возмо́жное, возмо́жные* 可能的 возмо́жный слу́чай 可能发生的事情

интересова́ть [未完成体]*кого́-что* 现在时:*интересу́ю, интересу́ешь, интересу́ет, интересу́ем, интересу́ете, интересу́ют*;过去时:*интересова́л, интересова́ла, интересова́ло, интересова́ли* 使……感兴趣 интересова́ть всех 让大家感兴趣

администра́тор [阳性]单数:*администра́тор, администра́тора, администра́тору, администра́тора, администра́тором, об администра́торе*;复数:*администра́торы, администра́торов, админстра́торам, администра́торов, администра́торами, об администра́торах* 管理人员 администра́тор гости́ницы 宾馆管理人员

~~~~~~~~~~~~~~~~~~~~~~~~~~~~~~

телефо́нный [形容词]*телефо́нная, телефо́нное, телефо́нные* 电话的 телефо́нная тру́бка 电话听筒 телефо́нная кни́га 电话簿

слу́жба [阴性]单数:*слу́жба, слу́жбы, слу́жбе, слу́жбу, слу́жбой, о слу́жбе* 服务 телефо́нная слу́жба 电话服务
~~~~~~~~~~~~~~~~~~~~~~~~~~~~~~

трáтить [未完成体] *что на что* 现在时: *трáчу, трáтишь, трáтит, трáтим, трáтите, трáтят*; 过去时: *трáтил, трáтила, трáтило, трáтили*//***потрáтить***[完成体]花费,耗费 трáтить полдня́ на разговóр по телефóну 花半天时间煲电话粥 трáтить полчасá на дорóгу 路上花了半小时

разговóр [阳性] 单数: *разговóр, разговóра, разговóру, разговóр, разговóром, о разговóре* 谈话 деловóй разговóр 商业会谈

информáция [阴性] 单数: *информáция, информáции, информáции, информáцию, информáцией, об информáции*; 复数: *информáции, информáций, информáциям, информáции, информáциями, об информáциях* 信息 обменя́ться информáциями 交流信息

воспи́тывать [未完成体] *когó-что* 现在时: *воспи́тываю, воспи́тываешь, вопи́тывает, воспи́тываем, воспи́тываете, воспи́тывают*; 过去时: *воспи́тывал, воспи́тывала, воспи́тывало, воспи́тывали*//***воспитáть*** [完成体] 将来时: *воспитáю, воспитáешь, воспитáет, воспитáем, воспитáете, воспитáют*; 过去时: *воспитáл, воспитáла, воспитáло, воспитáли* 培养, 教育 воспитáть детéй 培养孩子 воспитáть молоды́х людéй 教育年轻人

трýбка [阴性] 单数: *трýбка, трýбки, трýбке, трýбку, трýбкой, о трýбке*; 复数: *трýбки, трýбок, трýбкам, трýбки, трýбками, о трýбках* 话筒 телефóнная трýбка 电话听筒 снять трýбку 拿起电话听筒 положи́ть трýбку 放下电话听筒

поговори́ть [完成体] *о чём* 将来时: *поговорю́, поговори́шь, поговори́т, поговори́м, поговори́те, поговоря́т*; 过去时: *поговори́л, поговори́ла, поговори́ло, поговори́ли* 谈一谈, 谈一会儿 поговори́ть о поли́тике 谈论政治 поговори́ть о футбóльном мáтче 谈一谈足球赛

существовáть [未完成体] 现在时: *существýю, существýешь, существýет, существýем, существýете, существýют*; 过去时: *существовáл, существовáла, существовáло, существовáли* 存在 Существýют рáзные лю́ди. 存在各种各样的人。У нас существýют мнóго слóжных проблéм. 我们这儿有许多复杂问题。

предоставля́ть [未完成体] *что комý* 现在时: *предоставля́ю, предоставля́ешь, предоставля́ет, предоставля́ем, предоставля́ете, предоставля́ют*; 过去时: *предоставля́л, предоставля́ла, предоставля́ло, предоставля́ли*//***предостáвить*** [完成体] 将来时: *предостáвлю, предостáвишь, предостáвит, предостáвим, предостáвите, предостáвят*; 过去时: *предостáвил, предостáвила, предостáвило, предостáвили* 提供, 供给使用 предостáвить плáтную услýгу 提供有偿服务 предостáвить простóрную квартиру молодóму преподавáтелю 给年轻教师提供宽敞住房 предостáвить свобóду дéтям 给孩子们自由

услýга [阴性] 单数: *услýга, услýги, услýге, услýгу, услýгой, об услýге* 服务 плáтная услýга 有偿服务 предоста́вить услу́гу 提供服务

необходи́мость ［阴性］单数：*необходи́мость*，*необходи́мости*，*необходи́мости*，*необходи́мость*，*необходи́мостью*，*о необходи́мости* 必要性，需要 необходи́мость о́тдыха 休息的必要性 предме́ты пе́рвой необходи́мости 生活必需品，日用品 В слу́чае необходи́мости вы мо́жете прийти́ ко мне. 如果需要你可以来找我。

э́кстренный ［形容词］*э́кстренная*，*э́кстренное*，*э́кстренные* 紧急的，迫切的 э́кстренный по́езд 特别快车 э́кстренная по́мощь 急救

пожа́рный ［形容词］*пожа́рная*，*пожа́рное*，*пожа́рные* 火警的，消防的 пожа́рная по́мощь 火警，消防急救 пожа́рная кома́нда 消防队 пожа́рная маши́на 救火车

охра́на ［阴性］单数：*охра́на*，*охра́ны*，*охра́не*，*охра́ну*，*охра́ной*，*об охра́не* 保护，保卫；警卫队 охра́на же́нщин и дете́й 保护妇女和儿童 охра́на труда́ 劳动保护

мили́ция ［阴性］单数：*мили́ция*，*мили́ции*，*мили́ции*，*мили́цию*，*мили́цией*，*о мили́ции* 民警机关，民警局 рабо́тать в мили́ции 在警察局工作 вы́звать мили́цию 叫警察

сле́довать ［未完成体］*за кем-чем*（或无人称动词 *кому́*）现在时：*сле́дую*，*сле́дуешь*，*сле́дует*，*сле́дуем*，*сле́дуете*，*сле́дуют*；过去时：*сле́довал*，*сле́довала*，*сле́довало*，*сле́довали* 跟随；应该，应当 сле́довать за мной 跟着 сле́довать хорошо́ учи́ться 应该好好学习

та́кже ［副词］同样地，也 Мы та́кже при́были в Шанха́й. 我们也抵达上海。

апте́ка ［阴性］单数：*апте́ка*，*апте́ки*，*апте́ке*，*апте́ку*，*апте́кой*，*об апте́ке*；复数：*апте́ки*，*апте́к*，*апте́кам*，*апте́ки*，*апте́ками*，*об апте́ках* 药房，药店 купи́ть лека́рство в апте́ке 在药房买药

лека́рство ［中性］单数：*лека́рство*，*лека́рства*，*лека́рству*，*лека́рство*，*лека́рством*，*о лека́рстве* 药 кита́йское лека́рство 中药 европе́йское лека́рство 西药

консульта́ция ［阴性］单数：*консульта́ция*，*консульта́ции*，*консульта́ции*，*консульта́цию*，*консульта́цией*，*о консульта́ции* 咨询 юриди́ческая консульта́ция 法律咨询 дать студе́нтам консульта́цию 给学生答疑

пла́тный ［形容词］*пла́тная*，*пла́тное*，*пла́тные* 收费的 пла́тная консульта́ция 有偿咨询 пла́тная медици́нская по́мощь 自费医疗 пла́тная учёба 自费学习

поменя́ть ［完成体］*кого́-что* 将来时：*поменя́ю*，*поменя́ешь*，*поменя́ет*，*поменя́ем*，*поменя́ете*，*поменя́ют*；过去时：*поменя́л*，*поменя́ла*，*поменя́ло*，*поменя́ли*//***меня́ть***［未完成体］交换；更换 поменя́ть де́ньги 换零钱 поменя́ть но́мер телефо́на 更换电话号码

о́тчество ［中性］单数：*о́тчество*，*о́тчества*，*о́тчеству*，*о́тчество*，*о́тчеством*，*об о́тчестве* 父称 фами́лия и о́тчество 名和父称

да́та ［阴性］单数：*да́та*，*да́ты*，*да́те*，*да́ту*，*да́той*，*о да́те*；复数：*да́ты*，*дат*，*да́там*，*да́ты*，*да́тами*，*о да́тах* 日期 да́та экза́мена 考试日期 да́та рожде́ния 出生日期

све́дение ［中性］单数：*све́дение*，*све́дения*，*све́дению*，*све́дение*，*све́дением*，*о све́дении*；

复数：*све́дения，све́дений，све́дениям，све́дения，све́дениями，о све́дениях*（常用复数）消息，报道 получи́ть све́дения 收到消息 собира́ть све́дения 收集情报

спра́вочно-информацио́нный ［形容词］*спра́вочно-информацио́нная，спра́вочно-информацио́нное，спра́вочно-информацио́нные* 问询的 спра́вочно-информацио́нная услу́га 问询服务

организа́ция ［阴性］单数：*организа́ция，организа́ции，организа́ции，организа́цию，организа́цией，об организа́ции*；复数：*организа́ции，организа́ций，организа́циям，организа́ции，организа́циями，об организа́циях* 组织，机构，机关 центра́льная организа́ция 中央机关 а́дрес организа́ции（工作）单位地址

сообщи́ть ［完成体］*кому́ что* 或 *о чём* 将来时：*сообщу́，сообщи́шь，сообщи́т，сообщи́м，сообщи́те，сообща́т*；过去时：*сообщи́л，сообщи́ла，сообщи́ло，сообщи́ли*// ***сообща́ть***［未完成体］现在时：*сообща́ю，сообща́ешь，сообща́ет，сообща́ем，сообща́ете，сообща́ют*；过去时：*сообща́л，сообща́ла，сообща́ло，сообща́ли* 通知；宣布 сообща́ть прогно́з пого́ды 报导天气 сообща́ть но́вости 报导新闻 сообщи́ть дру́гу а́дрес новосе́лья 告诉朋友新居的地址 сообща́ть студе́нту о прие́зде роди́телей 通知学生他父母到了

наоборо́т ［副词］相反 ду́мать наоборо́т 想法相反

оде́жда ［阴性］单数：*оде́жда，оде́жды，оде́жде，оде́жду，оде́ждой，об оде́жде* 衣服，服装 традицио́нная оде́жда 传统服装

рассчи́тывать ［未完成体］*на что* 现在时：*рассчи́тываю，рассчи́тываешь，рассчи́тывает，рассчи́тываем，рассчи́тываете，рассчи́тывают*；过去时：*рассчи́тывал，рассчи́тывала，рассчи́тывало，рассчи́тывали* 期望，指望 рассчи́тывать на роди́телей 指望家长 Я рассчи́тываю на по́мощь друзе́й. 我指望朋友们的帮助。

благодаря́ ［前置词］*кому́-чему́* 多于，由于 Благодаря́ ему́ я во́время вы́полнил зада́чу. 多亏他我才按时完成任务。

техни́ческий ［形容词］*техни́ческая，техни́ческое，техни́ческие* 技术的 техни́ческий вопро́с 技术问题 техни́ческий университе́т 工业大学

прогре́сс ［阳性］单数：*прогре́сс，прогре́сса，прогре́ссу，прогре́сс，прогре́ссом，о прогре́ссе* 进步 техни́ческий прогре́сс 技术进步

спра́вочник ［阳性］单数：*спра́вочник，спра́вочника，спра́вонику，спра́вочник，спра́вочником，о спра́вочнике*；复数：*спра́вочники，спра́вочников，спра́вочникам，спра́вочники，спра́вочниками，о спра́вочниках* 手册，指南 телефо́нный спра́вочник 电话簿

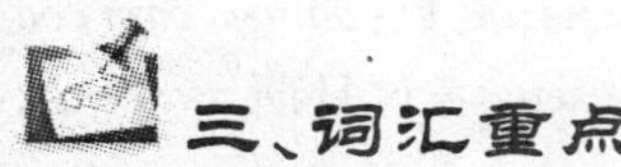

三、词汇重点

прибыва́ть ［未完成体］现在时：*прибыва́ю，прибыва́ешь，прибыва́ет，прибыва́ем，*

прибывáете, *прибывáют*; 过去时: *прибывáл*, *прибывáла*, *прибывáло*, *прибывáли*//***прибы́ть***[完成体]将来时: *прибу́ду*, *прибу́дешь*, *прибу́дет*, *прибу́дем*, *прибу́дете*, *прибу́дут*; 过去时: *при́был*, *прибылá*, *при́было*, *при́были* 到达,抵达 прибы́ть в Пари́ж на самолёте 坐飞机抵达巴黎 Пóезд при́был на стáнцию. 列车抵达车站。Самолёт при́был тóчно по расписáнию. 飞机按时刻表准时抵达。

[注意]прибы́ть 过去时重音特殊

кольцó [中性]单数: *кольцó*, *кольцá*, *кольцу́*, *кольцó*, *кольцóм*, *о кольцé*; 复数: *кóльца*, *колéц*, *кóльцам*, *кóльца*, *кóльцами*, *о кóльцах* 环,圈;戒指 городá «Золотóго кольцá»(俄罗斯)"金环"上的城市 золотóе кольцó на лéвой рукé 左手上的金戒指 обменя́ться кóльцами 交换戒指

[注意]кольцó 复数各格重音前移

пáспорт [阳性]单数: *пáспорт*, *пáспорта*, *пáспорту*, *пáспорт*, *пáспортом*, *о пáспорте*; 复数: *паспортá*, *паспортóв*, *паспортáм*, *паспортá*, *паспортáми*, *о паспортáх* 护照 нóмер пáспорта 身份证号 заграни́чный пáспорт(出国)护照

[注意]пáспорт 的复数以-á 结尾,复数各格重音后移

снять [完成体] *когó-что* 将来时: *сниму́*, *сни́мешь*, *сни́мет*, *сни́мем*, *сни́мете*, *сни́мут*; 过去时: *снял*, *снялá*, *сня́ло*, *сня́ли*//***снимáть***[未完成体]现在时: *снимáю*, *снимáешь*, *снимáет*, *снимáем*, *снимáете*, *снимáют*; 过去时: *снимáл*, *снимáла*, *снимáло*, *снимáли* 拿下,摘下;解除 снять шáпку 摘下帽子 снять часы́ с лéвой руки́ 从左手上摘下手表 снять пальтó с гóстя 给客人脱大衣 снять сотру́дника с рабóты 解聘员工 снять спортсмéна с соревновáния 取消运动员比赛资格

[注意]снять 过去时重音变化

四、词汇记忆

рéктор	(大学)校长	rector
спрáвочная	问询处	information desk, inquiry office
рейс	航班	flight, trip
расписáние	时间表,时刻表	schedule, timetable
Шанхáй	上海	Shanghai
гости́ница	旅馆,饭店	hotel, inn
кольцó	环,圈;戒指	ring, hoop
пáспорт	护照	passport
администрáтор	管理人员	administrator
моби́льный	移动的	mobile
рабóчий	办公的	working

гла́вный	主要的;总的;职位高的	main, chief, senior
возмо́жный	可能的	possible
запи́сывать//записа́ть	记录下来,给……注册;给……挂号	to record, write
дозва́ниваться//дозвони́ться	打通电话	to call, phone
уезжа́ть//уе́хать	(乘车等)动身,离开	to leave
прибыва́ть//прибы́ть	到达,抵达	to arrive, come
прилета́ть//прилете́ть	飞来,飞到	to arrive, fly
брони́ровать//заброни́ровать	专为某人保留(票、席位等)	to booked, order
интересова́ть	使……感兴趣	to interest, concern
случа́йно	偶然;顺便问一下	accidnetally, by pure accident
пусть	让……,愿……	enen if, albeit

слу́жба	服务	service
разгово́р	谈话	conversation
информа́ция	信息	information
тру́бка	话筒	tube, pipe
услу́га	服务,帮助	service
необходи́мость	必要性,需要	need, necessity
охра́на	保护,保卫;警卫队	protection; guard
мили́ция	民警机关,民警局	plice, militia
апте́ка	药房,药店	pharmacy
лека́рство	药	medication
консульта́ция	咨询	consultation
о́тчество	父称	middle name
да́та	日期	date
све́дение	(常用复数)消息,报道	fact, redution
организа́ция	组织,机构,机关	orgainization
оде́жда	衣服,服装	clothes
прогре́сс	进步	progress
спра́вочник	手册,指南	handbook
телефо́нный	电话的	telephone
э́кстренный	紧急的,迫切的	urgent, emergency
пожа́рный	火警的,消防的	fire
пла́тный	收费的	paid, chargeable
техни́ческий	技术的	technical
спра́вочно-информацио́нный	问询的	inquiry
тра́тить//потра́тить	花费,耗费	to spend, expend
воспи́тывать//воспита́ть	培养,教育	to bring, raise

снима́ть// снять	拿下,摘下;解除	to take,take off
поговори́ть	谈一谈;谈一会儿	to talk,chat
существова́ть	存在	to exist
предоставля́ть// предоста́вить	提供,供给使用	to poride,give
сле́довать	跟随;应该,应当	to follow;must
меня́ть// поменя́ть	交换;更换	to change
сообща́ть// сообщи́ть	通知;宣布	to report,say
рассчи́тывать	期望,指望	to expect
благодаря́	多亏,由于	due to, with
та́кже	同样地,也	also,well as
наоборо́т	相反	opposite, just the opposite

五、词汇造句

интересова́ть [未完成体]*кого́-что* 使……感兴趣

Поли́тика интересу́ет всех молоды́х люде́й. 年轻人都对政治感兴趣。

Нас интересу́ют э́ти вопро́сы. 这些问题让我们感兴趣。

Что вас интересу́ет на э́той вы́ставке? 这个展会上的什么让你感兴趣?

тра́тить// потра́тить [未//完成体]*что на что* 花费,耗费

Ма́ма потра́тила сто рубле́й на проду́кты. 妈妈花100卢布买食品。

Ка́ждый день оте́ц тра́тит полчаса́ на доро́гу. 每天父亲在路上花费半小时。

Студе́нты тра́тят мно́го вре́мени на учёбу. 大学生们在学习上花费了很多时间。

сле́довать [未完成体]*за кем-чем* 跟随;(无人称动词 *кому́*)应该,应当

Де́ти сле́дуют за учи́телем. 孩子们跟着老师。

Авто́бус сле́дует за тролле́йбусом. 公共汽车跟在无轨电车后边。

Кита́йский наро́д сле́дует за па́ртией. 中国人民跟党走。

Студе́нты вхо́дят в аудито́рию оди́н за други́м. 大学生一个接一个地走进教室。

Четы́ре вре́мени го́да сле́дуют одно́ за други́м. 四个季节一个接一个地到来。

Нам сле́дует хорошо́ учи́ться. 我们应该好好学习。

Ученика́м сле́дует во́время выполня́ть дома́шние зада́ния. 学生应该按时完成家庭作业。

сообща́ть//сообщи́ть ［未//完成体］*кому́ что* 或 *о чём* 通知；宣布

Ве́чером по ра́дио сообща́ют све́дения пого́ды. 晚上收音机播报天气情况。

Газе́ты сообща́ют о возвраще́нии изве́стного арти́ста из-за грани́цы. 报纸报导了著名演员回国的消息。

Нам сообщи́ли, что за́втра бу́дет докла́д. 通知我们明天有报告。

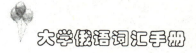

第十一课

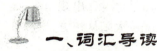

一、词汇导读

本课主题是医疗,需记住有关医疗和疾病的词汇。

二、词汇注释

плóхо [副词]不好 учи́ться плóхо 学习不好 плóхо ви́деть 视力不好 плóхо слы́шать 听力不好

вы́глядеть [未完成体]现在时:*вы́гляжу, вы́глядишь, вы́глядит, вы́глядим, вы́глядите, вы́глядят*;过去时:*вы́глядел, вы́глядела, вы́глядело, вы́глядели* 看样子,显得 Он вы́глядит хорошó. 他看起来气色很好。Онá вы́глядит плóхо. 她看来气色不好。

нездорóвиться [未完成体]*комý* 现在时(无人称):*нездорóвится*;过去时(无人称):*нездорóвилось* 不舒服,有病 Сегóдня брáту нездорóвится. 今天弟弟不舒服。Вчерá сестрé нездорóвилось. 昨天妹妹不舒服。

сочýвствовать [未完成体]*комý-чемý* 现在时:*сочýвствую, сочýвствуешь, сочýвствует, сочýвствуем, сочýвствуете, сочýвствуют*;过去时:*сочýвствовал, сочýвствовала, сочýвствовало, сочýвствовали* 同情 сочýвствовать дéтям 同情孩子们 сочýвствовать пациéнту 同情患者

обрати́ться [完成体]*к комý с чем* 或 *за чем* 将来时:*обращýсь, обрати́шься, обрати́тся, обрати́мся, обрати́тесь, обратя́тся*;过去时:*обрати́лся, обрати́лась, обрати́лось, обрати́лись*//***обращáться*** [未完成体]现在时:*обращáюсь, обращáешься, обращáется, обращáемся, обращáетесь, обращáются*;过去时:*обращáлся, обращáлась, обращáлось, обращáлись* 找……;向……提出 обращáться к специали́сту с вопрóсом 向专家请教问题 обращáться к декáну за пóмощью 向系主任求助

стрáшный [形容词]*стрáшная, стрáшное, стрáшные* 可怕的;很厉害的 стрáшный сон 可怕的梦 стрáшная болéзнь 可怕的疾病 стрáшный морóз 严寒 стрáшная жарá 酷暑

всё-таки [语气词]仍然,不是 Он всё-таки вернýлся. 他还是回来了。

устáлость [阴性]单数:*устáлость, устáлости, устáлости, устáлость, устáлостью, об устáлости* 疲劳,疲倦 чýвствовать устáлость 感到疲劳

кружи́ться [未完成体]现在时:*кружýсь, крýжишься, крýжится, крýжимся, крýжитесь,* *кру́жатся*；过去时：*кружи́лся*，*кружи́лась*，*кружи́лось*，*кружи́лись* 旋转 У меня́ голова́ кру́жится. 我头晕。

показа́ться ［完成体］将来时：*покажу́сь*，*пока́жешься*，*пока́жется*，*пока́жемся*，*пока́жетесь*，*пока́жутся*；过去时：*показа́лся*，*показа́лась*，*показа́лось*，*показа́лись*//***пока́зываться***［未完成体］现在时：*пока́зываюсь*，*пока́зываешься*，*пока́зывается*，*пока́зываемся*，*пока́зываетесь*，*пока́зываются*；过去时：*пока́зывался*，*пока́зывалась*，*пока́зывалось*，*пока́зывались* 去看病；出现 показа́ться врачу́ 看医生 На восто́ке показа́лось со́лнце. 太阳从东方升起。В дверя́х показа́лся челове́к. 门口出现了一个人。

терапе́вт ［阳性］单数：*терапе́вт*，*терапе́вта*，*терапе́вту*，*терапе́вта*，*терапе́втом*，*о терапе́вте*；复数：*терапе́вты*，*терапе́втов*，*терапе́втам*，*терапе́втов*，*терапе́втами*，*о терапе́втах* 内科医生 о́пытный терапе́вт 经验丰富的内科医生

го́рло ［中性］单数：*го́рло*，*го́рла*，*го́рлу*，*го́рло*，*го́рлом*，*о го́рле* 嗓子 У меня́ го́рло боли́т. 我嗓子疼。У меня́ пло́хо с го́рлом. 我嗓子不舒服。

на́сморк ［阳性］单数：*на́сморк*，*на́сморка*，*на́сморку*，*на́сморк*，*на́сморком*，*о на́сморке* 伤风；鼻炎 си́льный на́сморк 重伤风 лека́рство от на́сморка 治伤风的药

простуди́ться ［完成体］将来时：*простужу́сь*，*просту́дишься*，*просту́дится*，*просту́димся*，*просту́дитесь*，*просту́дятся*；过去时：*простуди́лся*，*простуди́лась*，*простуди́лось*，*простуди́лись*//***простужа́ться***［未完成体］现在时：*простужа́юсь*，*простужа́ешься*，*простужа́ется*，*простужа́емся*，*простужа́етесь*，*простужа́ются*；过去时：*простужа́лся*，*простужа́лась*，*простужа́лось*，*простужа́лись* 着凉，感冒 Ребёнок простуди́лся. 小孩感冒了。

наве́рно ［插入语］大概，大约 На вас лица́ нет，наве́рно，вы простуди́лись. 您脸色不好，可能，您是感冒了。

осмотре́ть ［完成体］*кого-что* 将来时：*осмотрю́*，*осмо́тришь*，*осмо́трит*，*осмо́трим*，*осмо́трите*，*осмо́трят*；过去时：*осмотре́л*，*осмотре́ла*，*осмотре́ло*，*осмотре́ли*//***осма́тривать***［未完成体］现在时：*осма́триваю*，*осма́триваешь*，*осма́тривает*，*осма́триваем*，*осма́триваете*，*осма́тривают*；过去时：*осма́тривал*，*осма́тривала*，*осма́тривало*，*осма́тривали* 检查；参观 осмотре́ть пацие́нта 检查患者，给患者看病 осмотре́ть больно́го 检查病人 осмотре́ть музе́й 参观博物馆

о́пытный ［形容词］*о́пытная*，*о́пытное*，*о́пытные* 有经验的 о́пытный диплома́т 有经验的外交官 о́пытный спортсме́н 经验丰富的运动员

медици́на ［阴性］单数：*медици́на*，*медици́ны*，*медици́не*，*медици́ну*，*медици́ной*，*о меди́цине* 医学 кита́йская медици́на 中医 европе́йская медици́на 西医

хиру́рг ［阳性］单数：*хиру́рг*，*хиру́рга*，*хиру́ргу*，*хиру́рга*，*хиру́ргом*，*о хиру́рге*；复数：*хиру́рги*，*хиру́ргов*，*хиру́ргам*，*хиру́ргов*，*хиру́ргами*，*о хиру́ргах* 外科医生 обрати́ться к хиру́ргу 看外科医生 показа́ться хиру́ргу 看外科医生

пони́зиться ［完成体］将来时：*пони́жусь*，*пони́зишься*，*пони́зится*，*пони́зимся*，*пони́зитесь*， *понижатся*；过去时：*понизился*，*понизилась*，*понизилось*，*понизились*//**понижа́ться**［未完成体］现在时：*понижа́юсь*，*понижа́ешься*，*понижа́ется*，*понижа́емся*，*понижа́етесь*，*понижа́ются*；过去时：*понижа́лся*，*понижа́лась*，*понижа́лось*，*понижа́лись* 变矮；下降，降低 Вода́ пони́зилась. 水位下降了。Це́ны пони́зились. 价格下降了。

начина́ющий ［形容词或名词］*начина́ющая*，*начина́ющее*，*начина́ющие* 新的；新手 начина́ющий писа́тель 初入文坛的作家 начина́ющий врач 行医不久的医生

спосо́бный ［形容词］*спосо́бная*，*спосо́бное*，*спосо́бные* 有能力的，有才能的 спосо́бный хиру́рг 有才华的外科医生

внима́тельный ［形容词］*внима́тельная*，*внима́тельное*，*внима́тельные* 细心的，关心人的 внима́тельная хозя́йка 细心的女主人

вы́лечить ［完成体］*кого́-что* 将来时：*вы́лечу*，*вы́лечишь*，*вы́лечит*，*вы́лечим*，*вы́лечите*，*вы́лечат*；过去时：*вы́лечил*，*вы́лечила*，*вы́лечило*，*вы́лечили*//**выле́чивать**［未完成体］现在时：*выле́чиваю*，*выле́чиваешь*，*выле́чивает*，*выле́чиваем*，*выле́чиваете*，*выле́чивают*；过去时：*выле́чивал*，*выле́чивала*，*выле́чивало*，*выле́чивали* 医好，治愈 вы́лечить боле́знь 治好病 вы́лечить больно́го от гри́ппа 给病人治好感冒

жа́ловаться ［未完成体］*кому́ на что* 现在时：*жа́луюсь*，*жа́луешься*，*жа́луется*，*жа́луемся*，*жа́луетесь*，*жа́луются*；过去时：*жа́ловался*，*жа́ловалась*，*жа́ловалось*，*жа́ловались* 抱怨；说（有病、疼痛等）жа́ловаться дру́гу 向朋友诉苦 жа́ловаться на судьбу́ 抱怨命运 жа́ловаться врачу́ на сла́бый аппети́т 向医生诉说食欲不振

термо́метр ［阳性］单数：*термо́метр*，*термо́метра*，*термо́метру*，*термо́метр*，*термо́метром*，*о термо́метре*；复数：*термо́метры*，*термо́метров*，*термо́метрам*，*термо́метры*，*термо́метрами*，*о термо́метрах* 温度表；体温表 изме́рить температу́ру термо́метром 用温度计测量温度

изме́рить ［完成体］*что* 将来时：*изме́рю*，*изме́ришь*，*изме́рит*，*изме́рим*，*изме́рите*，*изме́рят*；过去时：*изме́рил*，*изме́рила*，*изме́рило*，*изме́рили*//**измеря́ть**［未完成体］现在时：*измеря́ю*，*измеря́ешь*，*измеря́ет*，*измеря́ем*，*измеря́ете*，*измеря́ют*；过去时：*измеря́л*，*измеря́ла*，*измеря́ло*，*измеря́ли* 测定，测量 измеря́ть длину́ 测量长度 измеря́ть высоту́ 测量高度

па́дать ［未完成体］现在时：*па́даю*，*па́даешь*，*па́дает*，*па́даем*，*па́даете*，*па́дают*；过去时：*па́дал*，*па́дала*，*па́дало*，*па́дали*//**упа́сть**［完成体］将来时：*упаду́*，*упадёшь*，*упадёт*，*упадём*，*упадёте*，*упаду́т*；过去时：*упа́л*，*упа́ла*，*упа́ло*，*упа́ли* 跌倒；衰落 Ребёнок упа́л. 小孩跌倒了。К утру́ температу́ра у больно́го упа́ла. 清晨病人的温度下降了。Це́ны на проду́кты па́дают. 食品的价格在下降。

дух ［阳性］单数：*дух*，*ду́ха*，*ду́ху*，*дух*，*ду́хом*，*о ду́хе* 精神 па́дать ду́хом 泄气，气馁

грипп ［阳性］单数：*грипп*，*гри́ппа*，*гри́ппу*，*грипп*，*гри́ппом*，*о гри́ппе* 流行性感冒 лека́рство от гри́ппа 治疗感冒的药物 пти́чий грипп 禽流感

полежáть ［完成体］将来时：*полежу́*，*полежи́шь*，*полежи́т*，*полежи́м*，*полежи́те*，*полежáт*；过去时：*полежáл*，*полежáла*，*полежáло*，*полежáли* 躺一会儿 немнóго полежáть 稍微躺一会儿

бюллетéнь ［阳性］单数：*бюллетéнь*，*бюллетéня*，*бюллетéню*，*бюллетéнь*，*бюллетéнем*，*о бюллетéне* 通报，简报；病假证明 бюллетéнь погóды 天气预报 техни́ческий бюллетéнь 技术通报 Он заболéл и получи́л бюллетéнь. 他生病了，开了病假条。Он на бюллетéне. 他请了病假。

рецéпт ［阳性］单数：*рецéпт*，*рецéпта*，*рецéпту*，*рецéпт*，*рецéптом*，*о рецéпте* 处方，药方 купи́ть лекáрство по рецéпту 凭处方买药

едá ［阴性］单数：*едá*，*еды́*，*еде́*，*еду́*，*едóй*，*о еде́* 吃，进餐；吃的东西 принимáть лекáрство пóсле еды́ 饭后服药

простýда ［阴性］单数：*простýда*，*простýды*，*простýде*，*простýду*，*простýдой*，*о простýде* 着凉，感冒 си́льная простýда 重感冒 лекáрство от простýды 感冒药

воспалéние ［中性］单数：*воспалéние*，*воспалéния*，*воспалéнию*，*воспалéние*，*воспалéнием*，*о воспалéнии* 炎症 воспалéние срéднего ýха 中耳炎

лёгкие ［复数］*лёгких*，*лёгким*，*лёгкие*，*лёгкими*，*о лёгких* 肺 воспалéние лёгких 肺炎

нелáдно ［谓语副词］*с чем* 有毛病，有问题 Мне нелáдно с желýдком. 我胃不好。У старикá нелáдно с сéрдцем. 老人心脏不好。

за... до... ［前置词］……前（若干时间）за полчасá до сна 睡前半小时

чéрез... пóсле... ［前置词］……后（若干时间）чéрез полчасá пóсле еды́ 饭后半小时

аппендици́т ［阳性］单数：*аппендици́т*，*аппендици́та*，*аппендици́ту*，*аппендици́т*，*аппендици́том*，*об аппендици́те* 阑尾炎 Он заболéл аппендици́том. 他得了阑尾炎。

удáчно ［副词］成功地 удáчно сдéлать оперáцию больнóму 成功给病人做了手术

поправля́ться ［未完成体］现在时：*поправля́юсь*，*поправля́ешься*，*поправля́ется*，*поправля́емся*，*поправля́етесь*，*поправля́ются*；过去时：*поправля́лся*，*поправля́лась*，*поправля́лось*，*поправля́лись*//**попрáвиться**［完成体］将来时：*попрáвлюсь*，*попрáвишься*，*попрáвится*，*попрáвимся*，*попрáвитесь*，*попрáвятся*；过去时：*попрáвился*，*попрáвилась*，*попрáвилось*，*попрáвились* 健康得到恢复，复元；好转 Больнóй попрáвился. 病人康复了。

вы́писаться ［完成体］将来时：*вы́пишусь*，*вы́пишешься*，*вы́пишется*，*вы́пишемся*，*вы́пишетесь*，*вы́пишутся*；过去时：*вы́писался*，*вы́писалась*，*вы́писалось*，*вы́писались*//**выпи́сываться**［未完成体］现在时：*выпи́сываюсь*，*выпи́сываешься*，*выпи́сывается*，*выпи́сываемся*，*выпи́сываетесь*，*выпи́сываются*；过去时：*выпи́сывался*，*выпи́сывалась*，*выпи́сывалось*，*выпи́сывались* 出院 вы́писаться из больни́цы 出院

на днях ［词组］日内，近几天内 На днях роди́тели приéдут ко мне. 这几天父母要到我这儿来。

отпрáвить ［完成体］*когó-что* 将来时：*отпрáвлю*，*отпрáвишь*，*отпрáвит*，*отпрáвим*，*отпрáвите*，*отпрáвят*；过去时：*отпрáвил*，*отпрáвила*，*отпрáвило*， *отпра́вили*//***отправля́ть***[未完成体]现在时: *отправля́ю*, *отправля́ешь*, *отправля́ет*, *отправля́ем*, *отправля́ете*, *отправля́ют*; 过去时: *отправля́л*, *отправля́ла*, *отправля́ло*, *отправля́ли* 寄; 派遣, 派出 отпра́вить де́ньги роди́телям 给父母寄钱 принима́ть и отправля́ть докуме́нты 收发文件 отпра́вить ма́льчика за газе́тами 派小男孩取报纸 отпра́вить студе́нтов на пра́ктику 派大学生实习

как бу́дто [语气词]好像,似乎 Как бу́дто я не забо́тилась о де́тях! 好像我不关心孩子似的!

повы́шенный [形容词]*повы́шенная*, *повы́шенное*, *повы́шенные* 提高了的,高于正常的 повы́шенная температу́ра 高烧

боле́знь [阴性]单数: *боле́знь*, *боле́зни*, *боле́зни*, *боле́знь*, *боле́знью*, *о боле́зни* 疾病 лечи́ть боле́знь 治病 же́нские боле́зни 妇科病 боле́знь се́рдца 心脏病

медици́нский [形容词]*медици́нская*, *медици́нское*, *медици́нские* 医疗的, 医学的 медици́нский институ́т 医学院 беспла́тная медици́нская по́мощь 免费医疗

лечи́ть [未完成体]*кого́-что* 现在时: *лечу́*, *лечи́шь*, *лечи́т*, *лечи́м*, *лечи́те*, *леча́т*; 过去时: *лечи́л*, *лечи́ла*, *лечи́ло*, *лечи́ли* 医治, 治疗 лечи́ть больно́го от гри́ппа 给病人治感冒 лечи́ть но́вым лека́рством 用新药物治疗

да́льше [副词]随后,以后;继续下去 Я да́льше не стал слу́шать. 我没有再听下去。

рак [阳性]单数: *рак*, *ра́ка*, *ра́ку*, *рак*, *ра́ком*, *о ра́ке* 癌症 заболе́ть ра́ком 得癌症

испуга́ться [完成体]*кого́-чего́* 将来时: *испуга́юсь*, *испуга́ешься*, *испуга́ется*, *испуга́емся*, *испуга́етесь*, *испуга́ются*; 过去时: *испуга́лся*, *испуга́лась*, *испуга́лось*, *испуга́лись*//***пуга́ться***[未完成体]害怕 испуга́ться незнако́мого челове́ка 害怕陌生人 испуга́ться соба́ки 害怕狗

неподви́жно [副词]不动地,一动不动地 стоя́ть неподви́жно 站立不动

алфави́т [阳性]单数: *алфави́т*, *алфави́та*, *алфави́ту*, *алфави́т*, *алфави́том*, *об алфави́те* 字母表 ру́сский алфави́т 俄语字母表 написа́ть фами́лии по алфави́ту 按字母顺序书写姓氏

близору́кость [阴性]单数: *близору́кость*, *близору́кости*, *близору́кости*, *близору́кость*, *близору́костью*, *о близору́кости* 近视 заболе́ть близору́костью 患近视 Он отлича́ется си́льной близору́костью. 他近视很严重。У меня́ нет близору́кости. 我不近视。

заволнова́ться [完成体]将来时: *заволну́юсь*, *заволну́ешься*, *заволну́ется*, *заволну́емся*, *заволну́етесь*, *заволну́ются*; 过去时: *заволнова́лся*, *заволнова́лась*, *заволнова́лось*, *заволнова́лись* 激动起来;焦急起来 заволнова́ться за дочь 为女儿不安 заволнова́ться пе́ред экза́менами 考试前紧张起来

пра́ктика [阴性]单数: *пра́ктика*, *пра́ктики*, *пра́ктике*, *пра́ктику*, *пра́ктикой*, *о пра́ктике* 实践;实习 пра́ктика масс 群众的实践 пое́хать на пра́ктику в больни́цу 去医院实习

це́лый [形容词]*це́лая*, *це́лое*, *це́лые* 完整的,完全的;真正的 це́лый день 一整天 целый го́род 整个城市

пульс [阳性]单数：*пульс, пу́льса, пу́льсу, пульс, пу́льсом, о пу́льсе* 脉搏 сла́бый пульс 微弱的脉搏

никако́й [代词]*никака́я, никако́е, никаки́е* 任何也(不)，无论什么样也(不) не пропуска́ть никаки́х ма́тчей 不错过任何比赛

стра́шно [谓语副词]*кому́* 害怕地 Мне ста́ло стра́шно. 我感到害怕。

коро́ткий [形容词]*коро́ткая, коро́ткое, коро́ткие* 短的，简短的 коро́ткие но́ги 短腿 коро́ткое расстоя́ние 短距离 коро́ткая жизнь 短暂的一生

бума́жка [阴性]单数：*бума́жка, бума́жки, бума́жке, бума́жку, бума́жкой, о бума́жке*；复数：*бума́жки, бума́жек, бума́жкам, бума́жки, бума́жками, о бума́жках* 一小块纸 найти́ бума́жку 捡起一小块纸

карма́н [阳性]单数：*карма́н, карма́на, карма́ну, карма́н, карма́ном, о карма́не*；复数：*карма́ны, карма́нов, карма́нам, карма́ны, карма́нами, о карма́нах* 衣袋，衣兜 положи́ть конфе́ты в карма́н 把糖果放进衣兜 доста́ть де́ньги из карма́на 从衣袋里掏钱

апте́карь [阳性]单数：*апте́карь, апте́каря, апте́карю, апте́каря, апте́карем, об апте́каре*；复数：*апте́кари, апте́карей, апте́карям, апте́карей, апте́карями, об апте́карях* 药剂师 о́пытный апте́карь 有经验的药剂师

верну́ть [完成体]*что* 将来时：*верну́, вернёшь, вернёт, вернём, вернёте, верну́т*；过去时：*верну́л, верну́ла, верну́ло, верну́ли* 还，归还 верну́ть кни́гу в библиоте́ку 把书还给图书馆

продукто́вый [形容词]*продукто́вая, продукто́вое, продукто́вые* 食品的 продукто́вый магази́н 食品店

рестора́н [阳性]单数：*рестора́н, рестора́на, рестора́ну, рестора́н, рестора́ном, о рестора́не*；复数：*рестора́ны, рестора́нов, рестора́нам, рестора́ны, рестора́нами, о рестора́нах* 饭店，餐厅 официа́нтка рестора́на 饭店的服务员 пригласи́ть друзе́й в рестора́н 请朋友去饭店吃饭

удивле́ние [中性]单数：*удивле́ние, удивле́ния, удивле́нию, удивле́ние, удивле́нием, об удивле́нии* 惊奇 смотре́ть с удивле́нием 惊奇地看

бифште́кс [阳性]单数：*бифште́кс, бифште́кса, бифште́ксу, бифште́кс, бифште́ксом, о бифште́ксе* 煎牛排 вку́сный бифште́кс 美味牛排

буты́лка [阴性]单数：*буты́лка, буты́лки, буты́лке, буты́лку, буты́лкой, о буты́лке*；复数：*буты́лки, буты́лок, буты́лкам, буты́лки, буты́лками, о буты́лках* 玻璃瓶；一瓶 буты́лка пи́ва 一瓶啤酒 буты́лка кра́сного вина́ 一瓶红葡萄酒 буты́лка коньяка́ 一瓶白兰地

прогу́лка [阴性]单数：*прогу́лка, прогу́лки, прогу́лке, прогу́лку, прогу́лкой, о прогу́лке* 散步，游玩 прогу́лка пе́ред сном 睡前散步 прогу́лка на маши́не 坐车兜风

живо́й [形容词]长尾：*жива́я, живо́е, живы́е*；短尾：*жив, жива́, жи́во, жи́вы* 活的，活着的；活泼的 жива́я ры́ба 活鱼 живы́е цветы́ 鲜花 жива́я де́вочка 活泼的小女孩

三、词汇重点

лицó [中性]单数：*лицó*，*лицá*，*лицý*，*лицó*，*лицóм*，*о лицé*；复数：*лíца*，*лиц*，*лíцам*，*лíца*，*лíцами*，*о лíцах* 脸；脸色，气色 крýглое лицó 圆脸 На дрýге лицá нет. 朋友气色不好。

[注意]лицó 的复数重音前移

кáшель [阳性]单数：*кáшель*，*кáшля*，*кáшлю*，*кáшель*，*кáшлем*，*о кáшле* 咳嗽 Он простудúлся，у негó сúльный кáшель. 他感冒了，咳嗽得很厉害。

[注意]кáшель 变格时-е-脱落

желýдок [阳性]单数：*желýдок*，*желýдка*，*желýдку*，*желýдок*，*желýдком*，*о желýдке* 胃 У меня́ желýдок болúт. 我胃疼。У меня́ нелáдно с желýдком. 我有胃病。

[注意]желýдок 变格时-о-脱落

дóктор [阳性]单数：*дóктор*，*дóктора*，*дóктору*，*дóктора*，*дóктором*，*о дóкторе*；复数：*докторá*，*докторóв*，*докторáм*，*докторóв*，*докторáми*，*о докторáх* 医生，大夫；博士 óпытный дóктор 经验丰富的医生 дóктор филологúческих наýк 语文学博士 дóктор технúческих наýк 工学博士

[注意]дóктор 的复数以-á 结尾，复数各格重音后移

прожúть [完成体]将来时：*проживý*，*проживёшь*，*проживёт*，*проживём*，*проживёте*，*проживýт*；过去时：*прóжил*，*прожилá*，*прóжило*，*прóжили* 活（若干时间）；居住（若干时间）прожúть 80 лет 活了 80 岁 прожúть мéсяц за гранúцей 在国外住了一个月

[注意]прожúть 过去时重音特殊

старúк [阳性]单数：*старúк*，*старикá*，*старикý*，*старикá*，*старикóм*，*о старикé*；复数：*старикú*，*старикóв*，*старикáм*，*старикóв*，*старикáми*，*о старикáх* 老人，老头儿 Старикú имéют прáво на бесплáтный проéзд. 老年人乘车免费。

[注意]старúк 变格时重音后移

отдáть [完成体]*когó-что* 将来时：*отдáм*，*отдáшь*，*отдáст*，*отдадúм*，*отдадúте*，*отдадýт*；过去时：*óтдал*，*отдалá*，*óтдало*，*óтдали*//***отдавáть***[未完成体]现在时：*отдаю́*，*отдаёшь*，*отдаёт*，*отдаём*，*отдаёте*，*отдаю́т*；过去时：*отдавáл*，*отдавáла*，*отдавáло*，*отдавáли* 交还，交给 отдáть дéньги 还钱 отдáть кнúгу в библиотéку 把书还给图书馆 отдáть велосипéд в ремóнт 把自行车送去修理

[注意]отдáть 变位特殊，过去时重音变化

спастú [完成体]*когó-что* 将来时：*спасý*，*спасёшь*，*спасёт*，*спасём*，*спасёте*，*спасýт*；过去时：*спас*，*спаслá*，*спаслó*，*спаслú*//***спасáть***[未完成体]现在时：

спасáю, *спасáешь*, *спасáет*, *спасáем*, *спасáете*, *спасáют*；过去时：*спасáл*, *спасáла*, *спасáло*, *спасáли* 救，拯救 спасти́ мáльчику жизнь 救了小男孩的命 спасти́ прирóду 拯救自然

［注意］спасти́ 过去时特殊

四、词汇记忆

лицó	脸；脸色，气色	face
устáлость	疲劳，疲倦	fatigue, triedness
терапéвт	内科医生	terapist
гóрло	嗓子	throat
нáсморк	伤风；鼻炎	cold
медици́на	医学	medicine
хирýрг	外科医生	surgeon
кáшель	咳嗽	cough
желýдок	胃	stomach
дóктор	医生，大夫；博士	doctor；Ph. D.
термóметр	温度表；体温计	thermometer
дух	精神	spirit
грипп	流行性感冒	flu, influenza
бюллетéнь	通报，简报；病假证明	newsletter；bulletin
рецéпт	处方，药方	recipe
едá	吃，进餐；吃的东西	food；meak
простýда	着凉，感冒	cold
воспалéние	炎症	inflammation, inflammatory
лёгкие	肺	pulmonary
аппендици́т	阑尾炎	appendicitis
стрáшный	可怕的；很厉害的	terrible
óпытный	有经验的	experience, veteran
начинáющий	新的；新手	beginner
спосóбный	有能力的，有才能的	capable, able
внимáтельный	细心的，关心人的	careful
повы́шенный	提高了的，高于正常的	high, elevated
вы́глядеть	看样子，显得	to seem, appear
нездорóвиться	不舒服，有病	to unwell, sick
сочýвствовать	同情	to sympathize
обращáться//обрати́ться	找……；向……提出	to address, apply
кружи́ться	旋转	to dizzy
покáзываться//показáться	去看病；出现	to show；to appear

простужáться//простудúться	着凉,感冒	to catch a cold
осмáтривать//осмотрéть	检查;参观	to inspect;to look
понижáться//понúзиться	变矮;下降,降低	to drop,fall
вылéчивать//вы́лечить	医好,治愈	to cure
жáловаться//пожáловаться	抱怨;说(有病、疼痛等)	to complain
измеря́ть//измéрить	测定,测量	to measure
пáдать//упáсть	跌倒;衰落	to fall,drop
полежáть	躺一会儿	to lie,lay
поправля́ться//попрáвиться	健康得到恢复,复元;好转	to recuperate,get better
выпúсываться//вы́писаться	出院	to leave
отправля́ть//отпрáвить	寄;派遣,派出	to send
плóхо	不好	bad
всё-таки	仍然,还是	still
навéрно	大概,大约	probably
нелáдно	有毛病,有问题	wrong
удáчно	成功地	successfully
на днях	日内,近几天内	in rorcent days
как бу́дто	好像,似乎	as if
за . . . до . . .	……前(若干时间)	for up to
чéрез . . . пóсле . . .	……后(若干时间)	through after

болéзнь	疾病	disease
рак	癌症	cancer
алфавúт	字母表	alphabet
близору́кость	近视	nearsightedness
прáктика	实践;实习	practice
пульс	脉搏	pulse,heart rate
старúк	老人,老头儿	old man
бумáжка	一小块纸	scrap of paper
кармáн	衣袋,衣兜	pocket
аптéкарь	药剂师	pharmacist
ресторáн	饭店,餐厅	restaurant
удивлéние	惊奇	suprise
бифштéкс	煎牛排	beef steak
буты́лка	玻璃瓶;一瓶	bottle;a bottle of
прогу́лка	散步,游玩	walk,trip
медицúнский	医疗的,医学的	medical
цéлый	完整的,完全的;真正的	whole,entire
корóткий	短的,简短的	short,brief
продуктóвый	食品的	product,food

живóй	活的，活着的；活泼的	alive；liely
никакóй	任何也(不)，无论什么样也(不)	no
лечи́ть	医治，治疗	to treat，cure
пугáться//испугáться	害怕	to scared，shy
заволновáться	激动起来；焦急起来	to be excited，be nervous
прожи́ть	活(若干时间)；居住(若干时间)	to live，spend
отдавáть//отдáть	交还，交给	to give， repay
вернýть	还，归还	to return
спасáть//спасти́	救，拯救	to save，rescue
дáльше	随后，以后；继续下去	next；further
неподви́жно	不动地，一动不动地	motionlessly，fixedly
стрáшно	可怕地	terribly，awfully
до сих пор	至今	still

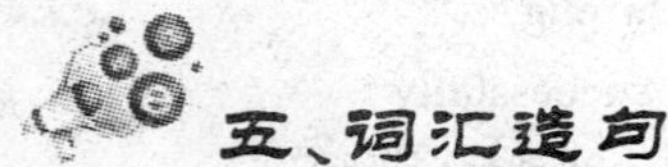

五、词汇造句

обращáться//обрати́ться ［未//完成体］*к комý с чем*（或 *за чем*）找……；向……提出

Вы плóхо вы́глядите. Вам слéдует обрати́ться к врачý. 您看起来气色不好，应该去看医生。

Если у вас вопрóсы，нáдо обрати́ться в отдéл инострáнных дел. 如果您有问题，应该去找外事处。

Студéнт обрати́лся к профéссору с вопрóсами. 大学生向教授请教问题。

Мы чáсто обращáемся к роди́телям за совéтом. 我们经常向父母征求建议。

спасáть//спасти́ ［未//完成体］*когó-что* 救，拯救

Хирýрги сдéлали оперáцию больнóму мáльчику и спасли́ емý жизнь. 外科医生给生病的小男孩做了手术，挽救了他的生命。

Пальтó спасáет человéка не тóлько от морóза，но и от вéтра. 大衣不仅御寒，而且挡风。

Лю́ди спасáют прирóду. 人类正在拯救自然。

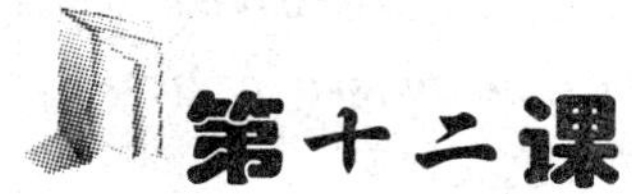

第十二课

一、词汇导读

本课主题是服饰,需记住有关服装的名词及与穿着相关的动词。

二、词汇注释

рубáшка [阴性]单数:*рубáшка, рубáшки, рубáшке, рубáшку, рубáшкой, о рубáшке*;复数:*рубáшки, рубáшек, рубáшкам, рубáшки, рубáшками, о рубáшках* 衬衫 бéлая рубáшка 白衬衫 ходи́ть в рубáшке 穿着衬衫

сéрый [形容词]*сéрая, сéрое, сéрые* 灰色的 *сéрая ю́бка* 灰色的裙子

примéрить [完成体]*что* 将来时:*примéрю, примéришь, примéрит, примéрим, примéрите, примéрят*;过去时:*примéрил, примéрила, прмéрило, примéрили*// ***примеря́ть***[未完成体]现在时:*примеря́ю, примеря́ешь, примеря́ет, примеря́ем, примеря́ете, примеря́ют*;过去时:*примеря́л, примеря́ла, примеря́ло, примеря́ли* 试穿 примéрить спорти́вный костю́м 试穿运动服

заверну́ть [完成体]*кого́-что во что* 将来时:*заверну́, завернёшь, завернёт, завернём, завернёте, заверну́т*;过去时:*заверну́л, заверну́ла, заверну́ло, заверну́ли*// ***завёртывать***[未完成体]现在时:*завёртываю, завёртываешь, завёртывает, завёртываем, завёртываете, завёртывают*;过去时:*завёртывал, завёртывала, завёртывало, завёртывали* 包起来,包装 заверну́ть поку́пку в газéту 把买的东西包在报纸里 заверну́ть кни́гу в бумáгу 把书包在纸里

ку́ртка [阴性]单数:*ку́ртка, ку́ртки, ку́ртке, ку́ртку, ку́рткой, о ку́ртке*;复数:*ку́ртки, ку́рток, ку́рткам, ку́ртки, ку́ртками, о ку́ртках*(男式)上衣,夹克衫 снять ку́ртку 脱下夹克 надéть ку́ртку 穿上夹克衫

брю́ки [复数]*брюк, брю́кам, брю́ки, брю́ками, о брю́ках* 裤子 вели́кие брю́ки 肥裤子 у́зкие брю́ки 瘦裤子

кóфта [阴性]单数:*кóфта, кóфты, кóфте, кóфту, кóфтой, о кóфте*;复数:*кóфты, кофт, кóфтам, кóфты, кóфтами, о кóфтах* 女短上衣 кóфта сéрого цвéта 灰色女上衣

сви́тер [阳性]单数:*сви́тер, сви́тера, сви́теру, сви́тер, сви́тером, о сви́тере*;复数:*сви́теры, сви́теров, сви́терам, сви́теры, сви́терами, о сви́терах*(套头

的）高领毛线衣 тёплый сви́тер 暖和的毛衣

блу́зка ［阴性］单数：*блу́зка, блу́зки, блу́зке, блу́зку, блу́зкой, о блу́зке*；复数：*блу́зки, блу́зок, блу́зкам, блу́зки, блу́зками, о блу́зках*（女式）衬衫 блу́зка жёлтого цве́та 黄色女衬衫

ю́бка ［阴性］单数：*ю́бка, ю́бки, ю́бке, ю́бку, ю́бкой, о ю́бке*；复数：*ю́бки, ю́бок, ю́бкам, ю́бки, ю́бками, о ю́бках* 裙子 ю́бка кра́сного цве́та 红色裙子

све́тлый ［形容词］*све́тлая, све́тлое, све́тлые* 照亮的；浅色的 све́тлая ко́мната 明亮的房间 све́тлое бу́дущее 光明的未来 руба́шка све́тлого цве́та 浅色衬衫

тёмный ［形容词］*тёмная, тёмное, тёмные* 黑暗的；深色的 тёмная ночь 漆黑的夜晚 костю́м тёмного цве́та 深色的西服

сороково́й ［数词］*сорокова́я, сороково́е, сороковы́е* 第 40 ту́фли сороково́го разме́ра 40 码的鞋

ту́фли ［复数］*ту́фель, ту́флям, ту́фли, ту́флями, о ту́флях* 鞋，便鞋 дома́шние ту́фли 便鞋 чи́стить ту́фли 刷鞋

тот ［代词］*та, то, те* 那个，那 тот мужчи́на 那个男人 те часы́ 那块手表

кори́чневый ［形容词］*кори́чневая, кори́чневое, кори́чневые* 棕色的 кори́чневые ту́фли 棕色的鞋

кроссо́вки ［复数］*кроссо́вок, кроссо́вкам, кроссо́вки, кроссо́вками, о кроссо́вках* 旅游鞋，运动鞋 мо́дные кроссо́вки 时髦的旅游鞋

та́пки ［复数］*та́пок, та́пкам, та́пки, та́пками, о та́пках* 平底便鞋 кори́чневые та́пки 棕色的平底鞋

боти́нки ［复数］*боти́нок, боти́нкам, боти́нки, боти́нками, о боти́нках*（半高腰的）鞋，皮鞋 чёрные боти́нки 黑色的皮鞋

чёрный ［形容词］*чёрная, чёрное, чёрные* 黑色的 чёрный хлеб 黑面包 чёрный ры́нок 黑市 чёрный чай 红茶

жёлтый ［形容词］*жёлтая, жёлтое, жёлтые* 黄色的 жёлтый цвет 黄色 жёлтый лимо́н 黄色的柠檬

широ́кий ［形容词］*широ́кая, широ́кое, широ́кие* 宽的；（指衣服、鞋帽等）肥大的 широ́кая у́лица 宽阔的街道 широ́кий сви́тер 宽大的毛衣

коро́бка ［阴性］单数：*коро́бка, коро́бки, коро́бке, коро́бку, коро́бкой, о коро́бке*；复数：*коро́бки, коро́бок, коро́бкам, коро́бки, коро́бками, о коро́бках* 盒，盒子 коро́бка с о́бувью 放鞋的盒子 коро́бка конфе́т 一盒糖果 коро́бка шокола́да 一盒巧克力

па́чка ［阴性］单数：*па́чка, па́чки, па́чке, па́чку, па́чкой, о па́чке*；复数：*па́чки, па́чек, па́чкам, па́чки, па́чками, о па́чках* 一包，一束 па́чка ча́ю 一盒茶叶 па́чка ко́фе 一盒咖啡

ко́фе ［阳性，不变格］咖啡 чёрный ко́фе 不加牛奶的咖啡 ко́фе с са́харом 加糖的咖啡 ко́фе с молоко́м 加牛奶的咖啡

плати́ть ［未完成体］*что* 现在时：*плачу́, пла́тишь, пла́тит, пла́тим, пла́тите, пла́тят*；过去时：*плати́л, плати́ла, плати́ло, плати́ли*//**заплати́ть**［完

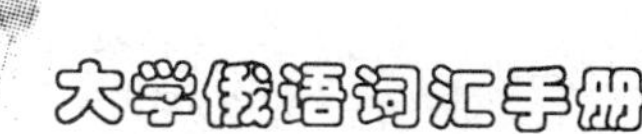

成体]支付,付款 плати́ть две́сти рубле́й 交 200 卢布 плати́ть за газ 交天然气费 плати́ть в ка́ссу 到收银台交款 плати́ть две́сти рубле́й за газ в ка́ссу 到收银台交 200 卢布天然气费

чек [阳性]单数:*чек, че́ка, че́ку, чек, че́ком, о че́ке* 付款小票,取货单 чек на това́р 领货单 получи́ть поку́пку по че́ку 凭票取货

пече́нье [中性]单数:*пече́нье, пече́нья, пече́нью, пече́нье, пече́ньем, о пече́нье* 饼干 па́чка пече́нья 一包饼干

шокола́д [阳性]单数:*шолока́д, шокола́да, шокола́ду, шокола́д, шокола́дом, о шокола́де* 巧克力 коро́бка шокола́да 一盒巧克力

сигаре́та [阴性]单数:*сигаре́та, сигаре́ты, сигаре́те, сигаре́ту, сигаре́той, о сигаре́те*;复数:*сигаре́ты, сигаре́т, сигаре́там, сигаре́ты, сигаре́тами, о сигаре́тах* 香烟 па́чка сигаре́т 一包香烟

кило́ [中性,不变化]公斤 кило́ помидо́ров 一公斤西红柿 кило́ огурцо́в 一公斤黄瓜

опла́чивать [未完成体] *что* 现在时:*опла́чиваю, опла́чиваешь, опла́чивает, опла́чиваем, опла́чиваете, опла́чивают*;过去时:*опла́чивал, опла́чивала, опла́чивало, опла́чивали*//***оплати́ть***[完成体]将来时:*оплачу́, опла́тишь, опла́тит, опла́тим, опла́тите, опла́тят*;过去时:*оплати́л, оплати́ла, оплати́ло, оплати́ли* 付……钱,付……费 оплати́ть рабо́ту 付工钱 оплати́ть прое́зд на такси́ 付出租车车费

поку́пка [阴性]单数:*поку́пка, поку́пки, поку́пке, поку́пку, поку́пкой, о поку́пке*;复数:*поку́пки, поку́пок, поку́пкам, поку́пки, поку́пками, о поку́пках* 买的东西;购物 де́ньги на поку́пку кварти́ры 买房子的钱 сде́лать поку́пку 买东西 пойти́ за поку́пками 去买东西

во́зле [副词或前置词] *кого́-чего́* 在近旁,在……旁边 во́зле са́да 在花园旁边

креди́тный [形容词] *креди́тная, креди́тное, креди́тные* 信用的 креди́тная ка́рта 信用卡

специализи́рованный [形容词] *специализи́рованная, специализи́рованное, специализи́рованные* 专门的 специализи́рованный магази́н 专卖店

о́бувь [阴性]单数:*о́бувь, о́буви, о́буви, о́бувь, о́бувью, об о́буви* 鞋(集合名词) приме́рить о́бувь 试鞋

так да́лее [词组]等等

моло́чный [形容词] *моло́чная, моло́чное, моло́чные* 乳制的 моло́чные проду́кты 乳制品 моло́чный магази́н 乳制品商店

практи́чести [副词]实际上 практи́чески ничего́ не знать 实际上什么都不知道

ГУМ [缩写词]国营百货商店 сде́лать поку́пку в ГУМе 在国营百货商店购物

о́коло [副词或前置词] *кого́-чего́* 周围;在旁边 о́коло уче́бного ко́рпуса 在教学楼旁边

назнача́ть [未完成体] *кого́-что* 现在时:*назнача́ю, назнача́ешь, назнача́ет, назнача́ем, назнача́ете, назнача́ют*;过去时:*назнача́л, назнача́ла, назнача́ло,* *назначáли//**назнáчить***［完成体］将来时：*назнáчу, назнáчишь, назнáчит, назнáчим, назнáчите, назнáчат*；过去时：*назнáчил, назнáчила, назнáчило, назнáчили* 规定，约定，指定 назнáчить собрáние на шесть часóв вéчера 会议定在晚上六点 назнáчить свидáние в садý 约会定在花园 назнáчить егó глáвным инженéром 任命他做总工程师

ЦУМ ［缩写词］中央百货商店 купи́ть чёрный чай в ЦУМе 在中央百货商店买红茶

арти́стка ［阴性］单数：*арти́стка, арти́стки, арти́стке, арти́стку, арти́сткой, об арти́стке*；复数：*арти́стки, арти́сток, арти́сткам, арти́сток, арти́стками, об арти́стках* 女演员 извéстная арти́стка 著名女演员

уставáть ［未完成体］现在时：*устаю, устаёшь, устаёт, устаём, устаёте, устают*；过去时：*уставáл, уставáла, уставáло, уставáли//**устáть***［完成体］将来时：*устáну, устáнешь, устáнет, устáнем, устáнете, устáнут*；过去时：*устáл, устáла, устáло, устáли* 劳累，疲倦 устáть от рабóты 工作累了 устáть от тáнцев 跳舞跳累了

туристи́ческий ［形容词］*туристи́ческая, туристи́ческое, туристи́ческие* 旅游的 туристи́ческий спрáвочник 旅游指南

инструмéнт ［阳性］单数：*инструмéнт, инструмéнта, инструмéнту, инструмéнт, инструмéнтом, об инструмéнте*；复数：*инструмéнты, инструмéнтов, инструмéнтам, инструмéнты, инструмéнтами, об инструмéнтах* 工具 музыкáльный инструмéнт 乐器 игрáть на инструмéнте 演奏乐器

умéть ［未完成体］现在时：*умéю, умéешь, умéет, умéем, умéете, умéют*；过去时：*умéл, умéла, умéло, умéли* 会 Я не умéю плáвать. 我不会游泳。

рéдко ［副词］很少，不经常 На сéверо-зáпаде Китáя рéдко идёт дождь. 在中国的西北很少下雨。

шýба ［阴性］单数：*шýба, шýбы, шýбе, шýбу, шýбой, о шýбе*；复数：*шýбы, шуб, шýбам, шýбы, шýбами, о шýбах* 毛皮大衣 ходи́ть в шýбе 穿着毛皮大衣

продавщи́ца ［阴性］单数：*продавщи́ца, продавщи́цы, продавщи́це, продавщи́цу, продавщи́цей, о продавщи́це*；复数：*продавщи́цы, продавщи́ц, продавщи́цам, продавщи́ц, продавщи́цами, о продавщи́цах* 女售货员 продавщи́ца специализи́рованного магази́на 专卖店的女售货员

симпати́чный ［形容词］*симпати́чная, симпати́чное, симпати́чные* 可爱的 симпати́чная дéвочка 可爱的小姑娘

мéрить ［未完成体］*что* 现在时：*мéрю, мéришь, мéрит, мéрим, мéрите, мéрят*；过去时：*мéрил, мéрила, мéрило, мéрили//**помéрить***［完成体］试穿 мéрить тýфли 试鞋

пáра ［阴性］单数：*пáра, пáры, пáре, пáру, пáрой, о пáре*；复数：*пáры, пар, пáрам, пáры, пáрами, о пáрах* 一双 пáра брюк 一条裤子 пáра сапóг 一双皮靴

богáтый ［形容词］*богáтая, богáтое, богáтые* 很有钱的；丰富的 богáтая семья́ 富裕的家庭 богáтый óпыт 丰富的经验 богáтый ýжин 丰盛的晚餐

принести́ ［完成体］*что* 将来时：*принесý, принесёшь, принесёт, принесём, принесёте,* принесýт；过去时：принёс，принеслá，принеслó，принеслú//**приносúть**［未完成体］现在时：приношý，принóсишь，принóсит，принóсим，принóсите，принóсят；过去时：приносúл，приносúла，приносúло，приносúли 带来，拿来 приносúть лю́дям пóльзу 给人们带来好处 принестú учи́телю фотогрáфию 给老师带来照片

дешёвый ［形容词］*дешёвая*，*дешёвое*，*дешёвые* 便宜的 дешёвые продýкты 便宜的食品

арбýз ［阳性］单数：*арбýз*，*арбýза*，*арбýзу*，*арбýз*，*арбýзом*，*об арбýзе*；复数：*арбýзы*，*арбýзов*，*арбýзам*，*арбýзы*，*арбýзами*，*об арбýзах* 西瓜 выбирáть арбýзы 挑选西瓜

мы́шка ［阴性］单数：*мы́шка*，*мы́шки*，*мы́шке*，*мы́шку*，*мы́шкой*，*о мы́шке*；复数：*мы́шки*，*мы́шек*，*мы́шкам*，*мы́шки*，*мы́шками*，*о мы́шках* 鼠标 купи́ть мы́шку 买鼠标

при́нтер ［阳性］单数：*при́нтер*，*при́нтера*，*при́нтеру*，*при́нтер*，*при́нтером*，*о при́нтере*；复数：*при́нтеры*，*при́нтеров*，*при́нтерам*，*при́нтеры*，*при́нтерами*，*о при́нтерах* 打印机 при́нтер компью́тера 计算机的打印机

огрóмный ［形容词］*огрóмная*，*огрóмное*，*огрóмные* 大的 огрóмный гóрод 大城市 огрóмное расстоя́ние 遥远的距离

прести́жный ［形容词］*прести́жная*，*прести́жное*，*прести́жные* 体面的；高档的；有威信的 прести́жная рабóта 体面的工作 прести́жная одéжда 高档服装 прести́жный специали́ст 有威信的专家

вы́бор ［阳性］单数：*вы́бор*，*вы́бора*，*вы́бору*，*вы́бор*，*вы́бором*，*о вы́боре* 选择；可供选择的可能性 вы́бор рабóты 选择工作 плохóй вы́бор 没什么可以挑选的 большóй вы́бор товáров 商品一应俱全

товáр ［阳性］单数：*товáр*，*товáра*，*товáру*，*товáр*，*товáром*，*о товáре*；复数：*товáры*，*товáров*，*товáрам*，*товáры*，*товáрами*，*о товáрах* 商品 хорóший и дешёвый товáр 物美价廉的商品 цéны на товáры 商品价格

внимáние ［中性］单数：*внимáние*，*внимáния*，*внимáнию*，*внимáние*，*внимáнием*，*о внимáнии* 注意；关心 слýшать со внимáнием 注意听 привлекáть внимáние детéй 吸引孩子的注意力

покупáтель ［阳性］单数：*покупáтель*，*покупáтеля*，*покупáтелю*，*покупáтеля*，*покупáтелем*，*о покупáтеле*；复数：*покупáтели*，*покупáтелей*，*покупáтелям*，*покупáтелей*，*покупáтелями*，*о покупáтелях* 顾客，买主 покупáтель и продавéц 买主与卖主 Товáр не нахóдит покупáтеля. 货物找不到主顾。

обслýживание ［中性］单数：*обслýживание*，*обслýживания*，*обслýживанию*，*обслýживание*，*обслýживанием*，*об обслýживании* 服务 мидици́нское обслýживание 医疗服务 отли́чное обслýживание 优质服务

мнéние ［中性］单数：*мнéние*，*мнéния*，*мнéнию*，*мнéние*，*мнéнием*，*о мнéнии*；复数：*мнéния*，*мнéний*，*мнéниям*，*мнéния*，*мнéниями*，*о мнéниях* 看法，观点 по моемý мнéнию 根据我的意见 обменя́ться мнéниями 交换意见

не́который [代词]*не́которая*, *не́которое*, *не́которые* 某种,某一;某些 не́которые вопро́сы 某些问题

лишь [语气词]只,仅仅;只要 Он ве́рит лишь вам. 他只相信您。

三、词汇重点

цвет [阳性]单数:*цвет*, *цве́та*, *цве́ту*, *цвет*, *цве́том*, *о цве́те*;复数:*цвета́*, *цвето́в*, *цвета́м*, *цвета́*, *цвета́ми*, *о цвета́х* 颜色,色,色调 се́рый цвет 灰色

[注意]цвет 的复数以-á 结尾,复数各格重音后移

сапоги́ [复数]*сапо́г*, *сапога́м*, *сапоги́*, *сапога́ми*, *о сапога́х* 皮靴 ходи́ть в сапога́х 穿着靴子 снять сапоги́ 脱靴子

[注意]сапоги́ 的复数第二格秃尾,为 сапо́г

грамм [阳性]单数:*грамм*, *гра́мма*, *гра́мму*, *грамм*, *гра́ммом*, *о гра́мме*;复数:*гра́ммы*, *гра́ммов* (*грамм*), *гра́ммам*, *гра́ммы*, *гра́ммами*, *о гра́ммах* 克 сто гра́ммов чёрного ча́я 一百克红茶

[注意]грамм 的复数第二格有两种形式:гра́ммов(书面语)和 грамм(口语)

деся́ток [阳性]单数:*деся́ток*, *деся́тка*, *деся́тку*, *деся́ток*, *деся́тком*, *о деся́тке*;复数:*деся́тки*, *деся́тков*, *деся́ткам*, *деся́тки*, *деся́тками*, *о деся́тках* 十,十个 деся́ток яи́ц 十个鸡蛋 два деся́тка яи́ц 二十个鸡蛋

[注意]деся́ток 变格时-о-脱落

яйцо́ [中性]单数:*яйцо́*, *яйца́*, *яйцу́*, *яйцо́*, *яйцо́м*, *о яйце́*;复数:*я́йца*, *яи́ц*, *я́йцам*, *я́йца*, *я́йцами*, *о я́йцах* 鸡蛋 све́жее яйцо́ 新鲜鸡蛋 посади́ть ку́рицу на я́йца 让母鸡孵小鸡

[注意]яйцо́ 复数各格重音前移

соль [阴性]单数:*соль*, *со́ли*, *со́ли*, *соль*, *со́лью*, *о со́ли*;复数:*со́ли*, *соле́й*, *соля́м*, *со́ли*, *соля́ми*, *о соля́х* 盐,食盐 па́чка со́ли 一包盐

[注意]соль 复数第二、三、五、六格重音后移

продаве́ц [阳性]单数:*продаве́ц*, *продавца́*, *продавцу́*, *продавца́*, *продавцо́м*, *о продавце́*;复数:*продавцы́*, *продавцо́в*, *продавца́м*, *продавцо́в*, *продавца́ми*, *о продавца́х* 售货员 продаве́ц моло́чного магази́на 乳品商店的售货员

[注意]продаве́ц 变格时重音后移

ошиба́ться [未完成体]*чем* 或 *в ком-чём* 现在时:*ошиба́юсь*, *ошиба́ешься*, *ошиба́ется*, *ошиба́емся*, *ошиба́етесь*, *ошиба́ются*;过去时:*ошиба́лся*, *ошиба́лась*, *ошиба́лось*, *ошиба́лись*//***ошиби́ться***[完成体]将来时:*ошибу́сь*, *ошибёшься*, *ошибётся*, *ошибёмся*, *ошибётесь*, *ошибу́тся*;过去时:*оши́бся*, *оши́блась*, *оши́блось*, *оши́блись* 弄错,想错 ошиба́ться в рабо́те 工作中出错 ошиба́ться в жи́зни 生活中犯错误 ошиба́ться а́дресом 弄错地址

ошибáться в дрýге 看错朋友

[注意]ошиби́ться 过去时特殊

привлекáть [未完成体]*когó-что* 现在时:*привлекáю*, *привлекáешь*, *привлекáет*, *привлекáем*, *привлекáете*, *привлекáют*;过去时:*привлекáл*, *привлекáла*, *привлекáло*, *привлекáли*//***привлéчь***[完成体]将来时:*привлекý*, *привлечёшь*, *привлечёт*, *привлечём*, *привлечёте*, *привлекýт*;过去时:*привлёк*, *привлеклá*, *привлеклó*, *привлекли́* 吸引,引起兴趣,引起注意 привлéчь люби́мую дéвушку 吸引喜欢的女孩 привлéчь сéрдце дéвушки 赢得女孩的心 привлéчь внимáние детéй 吸引孩子们的注意力

[注意]привлéчь 过去时特殊

四、词汇记忆

рубáшка	衬衫	shirt
цвет	颜色,色,色调	color
размéр	号码,尺寸	size
кýртка	(男式)上衣,夹克衫	jacket
брю́ки	裤子	trousers
кóфта	女短上衣	sweater
сви́тер	(套头的)高领毛线衣	sweater, jersey
блýзка	(女式)衬衫	bluse, shirt
ю́бка	裙子	skirt
тýфли	鞋,便鞋	shoes
сапоги́	皮靴	boots
кроссóвки	旅游鞋,运动鞋	running shoes, sneakers
тáпки	平底便鞋	sneakers
боти́нки	(半高腰的)鞋,皮鞋	shoes, boots
корóбка	盒,盒子	box
пáчка	一包,一束	bundle, packet
кóфе	咖啡	coffee
грамм	克	gram
деся́ток	十,十个	ten
яйцó	鸡蛋	egg
чек	付款小票,取货单	check
печéнье	饼干	biscuit
шоколáд	巧克力	chocolate
соль	盐,食盐	salt
сигарéта	香烟	cigarette
килó	公斤	kilo, kilogram

поку́пка	买的东西;购物	shopping
се́рый	灰色的	grey
све́тлый	明亮的;浅色的	ligh, bright
тёмный	黑暗的;深色的	dark, obscure
кори́чневый	棕色的	brown
чёрный	黑色的	black
жёлтый	黄色的	yellow
широ́кий	宽的;(指衣服、鞋帽等)肥大的	wide, broad
креди́тный	信用的	credit
сороково́й	第40	fortieth
тот	那个,那	the, it
примеря́ть//приме́рить	试穿	to try, fit
завёртывать//заверну́ть	包起来,包装	to wrap
плати́ть//заплати́ть	支付,付款	to pay
опла́чивать//оплати́ть	付……钱,付……费	to pay
во́зле	在近旁,在……旁边	near, beside

о́бувь	鞋	shoes
ГУМ	中央百货商店	GUM (department store)
ЦУМ	国营百货商店	TSYM
арти́стка	女演员	artist
инструме́нт	工具	instrument
шу́ба	毛皮大衣	fur coat
продаве́ц	售货员	seller, shop assistant
продавщи́ца	女售货员	saleswoman, clerk
па́ра	一双	couple, pair
арбу́з	西瓜	watermelon
мышка	鼠标	mouse
при́нтер	打印机	printer
вы́бор	选择;可供选择的可能性	choice, selection
това́р	商品	goods
внима́ние	注意;关心	attention
покупа́тель	顾客,买主	buyer, customer
обслу́живание	服务	service
мне́ние	看法,观点	opinion
специализи́рованный	专门的	specialized
моло́чный	乳制的	milk
туристи́ческий	旅游的	tourist, tourism
симпати́чный	可爱的	nice, pretty, lovely
бога́тый	很有钱的;丰富的	rich, affluent

дешёвый	便宜的	cheap
огрóмный	大的	great
престúжный	体面的;高档的;有威信的	prestigious
нéкоторый	某种,某一;(复数)某些	some
назначáть//назнáчить	规定,约定,指定	to appoint,assign
уставáть//устáть	劳累,疲倦	to be tired
умéть	会	can
ошибáться//ошибúться	弄错,想错	to mistake
мéрить//помéрить	试穿	to measure
приносúть//принестú	带来,拿来	to bring
привлекáть//привлéчь	吸引,引起兴趣,引起注意	to attract,bring
так дáлее	等等	etc
практúчески	实际上	practically
рéдко	极少,不经常	rarely
лишь	只,仅仅;只要	only;just
óколо	周围;在旁边	near,around

五、词汇造句

платúть//заплатúть [未//完成体]*что* (*скóлько дéнег*) *за что* 支付,付款

Мы заплатúли сто рублéй за пáчку шоколáда. 我们花100卢布买了一盒巧克力。

оплáчивать//оплатúть [未//完成体]*что за что* (*скóлько дéнег*)付……钱,付……费

Мы оплатúли пáчку шоколáда за сто рублéй. 我们花100卢布买了一盒巧克力。

назначáть//назнáчить [未//完成体]*когó-что* 规定,约定,指定

Трéнер назнáчил собрáние на суббóту. 教练把会议定在周六。

Дирéктор фáбрики назнáчил егó глáвным инженéром. 厂长认命他做总工程师。

ошибáться//ошибúться [未//完成体]*чем* 或 *в ком-чём* 弄错,想错

Я ошúбся двéрью,мне нáдо в другýю кóмнату. 我走错门了,我应该去另一个房间。

Я ошúбся áдресом,поэ́тому не нашёл коллéгу. 我弄错地址了,因此没找到同事。

Я ошúбся в дрýге,он говорúт мне непрáвду. 我看错朋友了,他没对我说真话。

привлекáть//привлéчь [未//完成体]*когó-что* 吸引,引起兴趣,引起注意

Товáры магазúна привлекáют жéнщин. 商店里的商品总是

吸引女性。

Симпати́чная де́вушка привлекла́ ю́ношу. 可爱的女孩吸引了小伙子。

Этот вопро́с привлёк внима́ние дете́й. 这个问题吸引了孩子们的注意力。

附录Ⅰ　第二册词汇测试

把括号里的词变成适当形式，如果需要加前置词。（每题2分）

1. Хозя́йка купи́ла деся́ток ________________(яйцо́) на ры́нке.
2. На вас лица́ нет, вам на́до показа́ться ________________(врач).
3. На собра́нии специали́сты обсуди́ли ________________(э́тот вопро́с).
4. Тури́сты обменя́лись ________________(мне́ния).
5. Вчера́ оте́ц ________________(лечь) спать в де́сять часо́в.
6. Мы о́чень обра́довались ________________(прие́зд) друзе́й ________________(грани́ца)
7. В конце́ концо́в мы доби́лись ________________(цель).
8. Де́ти предпочита́ют ________________(ле́то) ________________(зима́)
9. Профе́ссор посвяти́л ________________(своя́ жизнь) ________________(нау́ка).
10. Старики́ любу́ются ________________(восхо́д со́лнца) на горе́.
11. За день де́вушка объе́здила ________________(все магази́ны) го́рода.
12. Пацие́нт жа́луется ________________(терапе́вт) ________________(головна́я боль).
13. Хиру́рги спасли́ ________________(ма́льчик) жизнь.
14. Сейча́с ру́сские магази́ны практи́чески ________________(ничто́) не отлича́ются ________________(европе́йские магази́ны).
15. ________________(Ма́стер) почини́ли мои́ часы́.
16. У меня́ нела́дно ________________(се́рдце).
17. ________________(Северя́нин) лю́бят ката́ться на конька́х.
18. Ребя́та, не па́дайте ________________(дух).
19. Я ждал тебя́ о́коло ________________(полчаса́).
20. Мне нра́вится ________________(чёрный) ко́фе.
21. У дете́й появи́лся интере́с ________________(поли́тика).
22. ________________(Я) ка́жется, что он сказа́л непра́вду.
23. Я оплати́л ________________(прое́зд) ________________(сто рубле́й).
24. Студе́нты поблагодари́ли ________________(профе́ссор) ________________(по́мощь).
25. ________________(Я) не хвата́ет ________________(де́ньги).
26. Тури́сты потра́тили ________________(полдня́) ________________(доро́га).
27. Сыновья́ похо́жи ________________(оте́ц).
28. Не́которые старики́ заболе́ли ________________(пти́чий грипп).
29. Иностра́нцы интересу́ются ________________(ба́бье ле́то).
30. Рабо́чие обраща́ются ________________(гла́вный инжене́р) ________________(вопро́сы).
31. Сестра́ купи́ла па́ру ________________(сапоги́).
32. Матема́тика дава́лась ________________(де́ти) нелегко́.

33. Желáю ________________(вы) ________________(успéхи).

34. Вчерá мáма ________________(печь) вкýсные блины́.

35. Друг женáт ________________(медсестрá).

36. Температýра ужé ______________(дости́гнуть) ______________(ми́нус дéсять грáдусов).

37. Молоды́е лю́ди располагáют ________________(свобóдное врéмя).

38. Я оши́бся ________________(дверь), мне нáдо в другýю кóмнату.

39. Сотрýдники довóльны ________________(своя́ зарплáта).

40. Студéнты готóвятся ________________(сéссия).

41. Роди́тели вмéшиваются ________________(моя́ жизнь).

42. Стáрые лю́ди имéют прáво ________________(бесплáтный проéзд).

43. Это пальтó ________________(мать) подхóдит.

44. Я отстаю́ ________________(друзья́) в учёбе.

45. Дéти болéют ________________(нáша футбóльная комáнда).

46. Сестрá вы́шла зáмуж ________________(хирýрг).

47. Я ________________(вы́расти) в огрóмном гóроде.

48. Мéнеджер фи́рмы познакóмил ________________(сотрýдники) ________________(своя́ женá).

49. Трéнер назнáчил собрáние ________________(суббóта).

50. Благодаря́ ________________(он) мы вóвремя вы́полнили задáчу.

参考答案:

1. яи́ц
2. врачý
3. э́тот вопрóс
4. мнéниями
5. лёг
6. приéзду, из-за грани́цы
7. цéли
8. лéто, зимé
9. свою́ жизнь, наýке
10. восхóдом сóлнца
11. все магази́ны
12. терапéвту, на головнýю боль
13. мáльчику
14. ничéм, от европéйских магази́нов
15. Мастерá
16. с сéрдцем
17. Северя́не
18. дýхом
19. получáса
20. чёрный
21. к поли́тике
22. Мне
23. проéзд, за сто рублéй
24. профéссора, за пóмощь
25. Мне, дéнег
26. полдня́, на дорóгу
27. на отцá
28. пти́чьим гри́ппом
29. бáбьим лéтом
30. к глáвному инженéру, с вопрóсами
31. сапóг
32. дéтям
33. вам, успéхов
34. пеклá
35. на медсестрé
36. дости́гла, ми́нус десяти́ грáдусов
37. свобóдным врéменем
38. двéрью
39. своéй зарплáтой
40. к сéссии
41. в мою́ жизнь
42. на бесплáтный проéзд
43. мáтери
44. от друзéй
45. за нáшу футбóльную комáнду
46. за хирýрга
47. вы́рос(вы́росла)
48. сотрýдников, со своéй женóй
49. на суббóту
50. емý

附录Ⅱ　第二册词汇表

A

автóбусный	公共汽车的	bus	(7)
администрáтор	管理人员	administrator	(10)
алфавúт	字母表	alphabet	(11)
альбóм	相册	album	(2)
анекдóт	笑话	joke	(2)
аппетúт	食欲，胃口	appetite	(5)
аппендицúт	阑尾炎	appendicitis	(11)
аптéка	药房，药店	pharmac	(10)
аптéкарь	药剂师	pharmacist	(11)
арбýз	西瓜	watermelon	(12)
артúстка	女演员	artist	(12)
ассоциúроваться	与……联想起来	to be associated	(8)
аудúрование	听力训练	listening, audition	(3)
аэропóрт	飞机场	airport	(2)

Б

бáбий	农妇的，婆娘的	womanish	(8)
бадминтóн	羽毛球	badminton	(6)
Байкáл	贝加尔(湖)	Baikal	(9)
балерúна	芭蕾舞女演员	ballerina, ballet dancer	(2)
балкóн	阳台	balcony	(5)
бег	跑步	running	(6)
беспокóиться	担心；费心	to worry	(5)
бифштéкс	煎牛排	beef steak	(11)
благодарúть//поблагодарúть	致谢，感谢	to thank, praise	(3)
благодаря́	多亏，由于	due to, with	(10)
блúзко	附近	near, closely	(5)
близорýкость	近视	nearsightedness	(11)
блин	薄饼	pancake, blin	(2)
блýзка	(女式)衬衫	bluse, shirt	(12)

блю́до	菜肴	dish, plate	(5)
бога́тый	很有钱的；丰富的	rich, affluent	(12)
боле́знь	疾病	disease	(11)
боле́льщик	(运动场上)狂热的观众，体育迷	fan, supporter	(6)
боле́ть	生病；捧场	to be ill; to cheer	(6)
большинство́	大多数	majority	(8)
боти́нки	(半高腰的)鞋，皮鞋	shoes, boots	(12)
брони́ровать//заброни́ровать	专为某人保留(票、席位等)	to booked, order	(10)
броса́ть//бро́сить	放弃，抛弃	to leave, throw; to stop, quit	(6)
брю́ки	裤子	trousers	(12)
бу́дни	工作日	weekday	(9)
бу́дущий	未来的	future	(2)
буты́лка	玻璃瓶，一瓶	bottle; a bottle of	(11)
быва́ть	常有，常去	to be; to visit	(2)
бы́стро	很快	quickly, rapidly	(3)
бюллете́нь	通报，简报；病假证明	newsletter; bulletin	(11)

B

ваго́н	车厢	carriage, wagon	(7)
ва́нная	浴室	bathroom	(5)
везти́//повезти́	走运	to be lucky	(2)
верну́ть	还，归还	to return	(11)
весе́нний	春天的	spring	(10)
вестибю́ль	入口处的大厅，前厅	lobby	(7)
вещь	物品，东西	thing	(5)
вид	种类	type, kind	(1)
ви́деться//уви́деться	见面，遇见	meeting, meet	(1)
ви́дный	可以看见的，明显的	visble	(5)
ви́лка	叉子	fork	(5)
вино́	葡萄酒	wine	(5)
вме́шиваться //вмеша́ться	干涉，干预	to intervene	(2)
вниз	向下	down	(7)
внима́ние	注意；关心	attention	(12)
внима́тельный	细心的，关心人的	careful	(11)
води́тельский	司机的，驾驶员的	driving	(7)
води́ть	驾驶；领，拉	to drive; to lend	(7)

во́дка	伏特加酒	vodka	(5)
возвраще́ние	返回,回来	return	(9)
во́здух	空气	air	(9)
во́зле	在近旁,在……旁边	near, beside	(12)
возмо́жный	可能的	possible	(10)
Во́лга	伏尔加河	Volga	(9)
вообще́	总的说来,总之	generally	(6)
воспале́ние	炎症	inflammation, inflammatory	(11)
воспи́тывать//воспита́ть	培养,教育	to bring, raise	(10)
восхо́д	(日、月等的)出,升	sunrise, rising	(9)
вперёд	向前	ahead	(7)
впечатле́ние	印象	impression	(5)
впро́чем	可是,不过;其实,还是	however, then again	(9)
вре́мя го́да	季节	season	(8)
всё-таки	仍然,还是	still	(11)
встре́ча	会面,相遇	meeting, meet	(1)
вступи́тельный	加入的;进入的,引言的	entrance; introductory	(3)
вся́кий	任何一个的;各种各样的	any; every	(1)
вто́рник	星期二	Tuesday	(4)
входи́ть //войти́	走入,进入;加入	to go; to enter	(7)
вы́бор	选择	choice, selection	(12)
вы́глядеть	看样子,显得	to seem, appear	(11)
выи́грывать //вы́играть	赢	to win	(6)
выле́чивать //вы́лечить	医好,治愈	to cure	(11)
выпива́ть //вы́пить	喝下,喝酒	to drink	(5)
выпи́сываться//вы́писаться	出院	to leave	(11)
высота́	高度	height	(6)
выта́скивать//вы́тащить	拖出,拉出,搬出	to pull, drag	(9)
выходи́ть //вы́йти	走出,来到;嫁给	to leave; to come; to marry	(1)
выходно́й	休假的;休假日	weekend	(9)
вычисли́тельный	计算的	computation, calculation	(3)

Г

гара́ж	车库	garage	(2)
гардеро́б	衣柜	ward robe	(5)
гастроно́м	食品店	food store	(12)
где́-то	在某一地方;大约	somewhere	(7)

гимнáстика	体操	sport exercises	(6)
глáвный	主要的,总的;职位高的	main, chief, senior	(10)
гóлос	嗓音;歌喉	voice	(11)
гóрло	嗓子	throat	(11)
городскóй	城市的	city, urban	(10)
горя́чий	热的,热烈的;忙碌的	hot; ardent	(5)
гостúная	客厅	living room, drawing room	(5)
гостúница	旅馆,饭店	hotel, inn	(10)
готóвить//приготóвить	准备;做饭	to prepare; to cook	(2)
готóвиться	准备	to prepare	(3)
грáдус	度,度数	degree	(8)
грамм	克	gram	(12)
граммáтика	语法	grammar	(3)
границá	界线;国界	limit; abroad	(1)
гриб	蘑菇	mushroom	(5)
Гуанчжóу	广州	Guangzhou	(8)
ГУМ	国营百货商店	GUM (department store)	(12)
гуманитáрий	人文学科工作者	humanist	(3)

Д

давáться//дáться	掌握,学会	to learn	(3)
дáльше	随后,以后;继续下去	next; further	(11)
дáма	女士	lady	(5)
дáта	日期	date	(10)
дáча	别墅	dacha	(8)
двенáдцатый	第12	twelfth	(4)
дéло	事情;事业	case, matter; work	(6)
движéние	运动,交通	movement, moving	(7)
двóе	两个,二	two, couple	(2)
двою́родный	表的,堂的	cousin	(2)
деловóй	公务的,业务的,能干的	business	(1)
десéрт	甜品	dessert	(5)
деся́ток	十,十个	ten	(12)
дешёвый	便宜的	cheap	(12)
дивáн	沙发	sofa	(5)
диплóм	证书,毕业证书	diploma	(3)
дирéктор	厂长,校长,经理	director	(1)
дискотéка	迪厅,迪斯科舞会	disco, discotheque	(3)

длинá	长度;长短	length	(6)
для	为了	for	(1)
до	到;……之前	to;until;before	(6)
добивáться//добúться	达到……;取得……	to achieve,get	(6)
добирáться//добрáться	到达	to arrive,come	(5)
доводúть//довестú	把……进行到;引到,带到	to finish;to bring	(6)
довозúть//довезтú	(乘车、船等)送到,拉到	to take,carry	(7)
довóльный	对……满意的	happy, pleased	(1)
доезжáть//доéхать	(乘车等)到,抵达	to reach,get there	(7)
дождлúвый	下雨的	rainy	(8)
дождь	雨	rain	(8)
дозвáниваться //дозвонúться	打通电话	to call,phone	(10)
дóктор	医生,大夫;博士	doctor;Ph. D.	(11)
докумéнт	文件,证件	document,paper	(1)
дóлгий	长时间的	long	(8)
достáточно	足够,充足	quite,very	(1)
достигáть//достúгнуть	达到	to get,reach	(8)
дух	精神	spirit	(11)
душ	淋浴	shower	(4)
душá	心灵,内心	soul	(9)

Е

европéйский	欧洲的	European	(8)
едá	吃,进餐,吃的东西	food;meak	(11)
едúнственный	唯一的	only,single	(6)
ездá	乘车	riding	(7)
éле	勉强	barely, hardly	(3)

Ж

жалéть//пожалéть	怜悯;吝惜	to spare,pity	(6)
жáловаться//пожáловаться	抱怨;说(有病,疼痛等)	to complain	(11)
жаль	遗憾	pity	(3)
жарá	炎热	hot weather	(8)
жáркий	热的	hot	(8)
желáть //пожелáть	祝愿,希望	to wish,want	(3)
жёлтый	黄色的	yellow	(12)
желýдок	胃	stomach	(11)
женáтый	(男子)已婚的;(指夫妻)结婚的	married	(2)

жени́ться	（男子）结婚，娶（妻）	to marry	(1)
живо́й	活的，活着的；活泼的	alive；liely	(11)
жизнь	生活	life，lifetime	(1)

З

забо́та	关心	care，concern	(2)
забо́тливый	体贴的	caring，careful	(2)
зави́сеть	受……支配，依赖；由……决定，取决于……	to depend	(9)
заволнова́ться	激动起来；焦急起来	to be excited，be nervous	(11)
завора́чивать//заверну́ть	包起来，包装	to wrap	(12)
загора́ть//загоре́ть	晒黑	to sunbathe	(9)
зака́нчиваться//зако́нчиться	结束	to finish	(4)
заку́ска	冷盘，小吃，小菜	snack，starler，dish	(5)
заме́на	替换	change，changeover	(1)
за́муж	出嫁	given in marriage	(1)
за́мужем	已嫁人	married	(2)
занима́ть//заня́ть	占，占去，占领	to take；to occupy	(6)
запи́сывать//записа́ть	记录下来；给……注册，给……挂号	to record，write	(10)
запи́сываться//записа́ться	报名；挂号；注册	to sign；to take an appointment	(6)
зарпла́та	工资，薪水	salary，wages	(1)
заря́дка	体操	gymnastics	(4)
заходи́ть//зайти́	顺便去；去取（东西）	to go，come	(7)
зацвета́ть//зацвести́	开始开花	bloom	(8)
звоно́к	铃，铃声	bell	(10)
зе́лень	绿草，绿阴	green，herb	(5)
знако́мить//познако́мить	介绍，使认识	to acquaint，familiarize	(1)
зна́чит	那么，就是说	it means	(9)
золото́й	金色的，极好的	golden，gold	(8)
зубно́й	牙齿的，牙科的	dental，tooth	(2)

И

из-за	从……后面，从……外边	from	(5)
измеря́ть//изме́рить	测定，测量	to measure	(11)
ИКЕА	宜家（国际家居制品连锁店）	IKEA	(1)
икра́	鱼子酱	caviar，roe	(5)
и́менно	也就是，确切说；正是	exactly，just	(9)

иногда́ 有时 sometimes (1)
иностра́нец 外国人 foreigner (8)
инструме́нт 工具 instrument (12)
интере́с 兴趣 interest (1)
интересова́ть 使……感兴趣 to interest, concern (10)
информа́тика 信息学 information science (3)
информа́ция 信息 information (10)
ита́к 这样一来,于是;总之 so, therefore (9)
Ита́лия 意大利 Italy (9)

К

как бу́дто 好像,似乎 as if (11)
каза́ться//показа́ться 样子像……;觉得,以为 to seem (6)
как раз 刚巧 just, exactly (3)
како́й-нибудь 任何的,不论什么样的 ever (3)
карма́н 衣袋,衣兜 pocket (11)
ката́ние 滑 riding, ski (6)
ката́ться 滑,骑,溜 to ride, drive, skate (6)
ка́шель 咳嗽 cough (11)
кило́ 公斤 kilo, kilogram (12)
кла́ссно 高水平地,技巧高超地 really good (6)
класть //положи́ть 平放;盛(饭等) to put, lay (5)
кли́мат 气候 climate (8)
кольцо́ 环,圈;戒指 ring, hoop (10)
кома́нда 队 team (6)
компа́ния 公司 company (1)
коне́ц 末尾,终点 end (6)
коне́чный 终点的 end, final (7)
ко́нкурс 竞赛 competition, contest (3)
консульта́ция 咨询 consultation (10)
контролёр-автома́т 自动检票机 the controller machine (7)
контро́ль 检查,监督 control, supervision (3)
конча́ться//ко́нчиться 结束 to end, be over (6)
коньки́ 冰鞋;滑冰 skater, ice skates (6)
конья́к 白兰地 cognac, brandy (5)
кори́чневый 棕色的 brown (12)
коро́бка 盒,盒子 box (12)
коро́ткий 短的,简短的 short, brief (11)
красота́ 美;美貌;妙极了 beauty, loveliness (8)
кроссо́вки 旅游鞋,运动鞋 running shoes, sneakers (12)

ко́фе	咖啡	coffee	(12)
ко́фта	女短上衣	sweater	(12)
краб	螃蟹	crab	(5)
креди́тный	信用的	credit	(12)
кре́сло	软椅,圈椅	chair, armchair	(5)
крова́ть	床	bed	(5)
кру́глый	圆的	round	(5)
кружи́ться	旋转	to dizzy	(11)
кру́пный	大型的,大规模的	large, major	(3)
кста́ти	恰好;顺便	by the way	(9)
куда́-нибудь	顺便去什么地方	somewhere	(9)
культу́ра	文化;发展水平	culture	(7)
купа́ться//вы́купаться	洗澡;沐浴		(9)
ку́рсы	培训班	training courses	(1)
ку́ртка	(男式)上衣,夹克衫	jacket	(12)

Л

ла́зить	(不定向)爬,攀登	to climb	(9)
ле́вый	左边的	left	(5)
лёгкие	肺	pulmonary	(11)
лека́рство	药	medication	(10)
лес	树林,森林	forest	(9)
ле́стница	楼梯	stairs	(7)
ле́тний	夏季的	summer	(8)
лечи́ть	医治,治疗	to treat, cure	(11)
лири́ческий	抒情的	lyrical	(8)
листопа́д	落叶,落叶时节	leaf fall, fall	(8)
лифт	电梯	lift	(5)
лицо́	脸;脸色,气色	face	(11)
лишь	只不过,仅仅,只是	only, just	(12)
лови́ть//пойма́ть	捕,捉	to catch	(9)
ложи́ться//лечь	躺下	to lie down	(4)
лы́жи	滑雪板;滑雪	sky	(6)
лу́чший	最好的,比较好的	best	(8)
люби́мый	喜爱的	favorite	(6)
люби́тель	爱好者	lover, fan	(6)
любова́ться	欣赏,观赏	to admire, enjoy	(9)
любо́й	任何的	any	(7)

М

маршру́тка	小公共汽车	minibus	(7)
ма́сса	许多,大量;群众	mass	(9)
ма́стер	师傅,工匠	master	(4)
матч	比赛	match, game	(6)
медици́на	医学	medicine	(11)
медици́нский	医疗的,医学的	medical	(11)
медсестра́	女护士	nurse	(2)
межсезо́нье	季节交替期间	close season	(8)
ме́неджер	经理	manager	(1)
меня́ть//поменя́ть	交换,更换	to change	(10)
ме́рить//поме́рить	试穿	to try, fit	(12)
метр	米,公尺	metre, meter	(6)
мечта́	梦想,幻想,夙愿	dream	(6)
микрорайо́н	小区	microdictrict	(5)
милиционе́р	民警	millicioner	(7)
мили́ция	民警机关,民警局	plice, militia	(10)
ми́нус	零下	minus, negative sign	(8)
мне́ние	看法,观点	opinion	(12)
мно́гий	很多的	many	(8)
моби́льный	移动的	mobile	(10)
мо́дный	时髦的	fashion, fancy	(6)
моло́чный	奶类的	milk	(12)
моро́з	严寒	frost, freezing temperatu-res	(8)
морско́й	海洋的;海军的	sea	(8)
мысль	思想,想法	thought, think	(9)
мышка	鼠标	mous	(12)
мясно́й	肉的	meat	(5)

Н

наве́рно	大概,大约	probably	(11)
навеща́ть//навести́ть	看望,拜访	to visit	(1)
наза́д	向后;以前	ago; backward, backwar-ds	(1)
назнача́ть//назна́чить	规定,约定,指定	to appoint, assign	(12)
называ́ться//назва́ться	叫做,称做	to be called, be named	(1)
наибо́лее	最	best	(8)
накрыва́ть//накры́ть	蒙上,盖上	to cover	(5)
налива́ть//нали́ть	倒,斟	to pur	(5)
наоборо́т	相反	opposite, just the oppos-	(10)

		ite	
напомина́ть//напо́мнить	提醒,使想起;令人想起……;像……,和……很相像	to remind;to resemble;to like,reminiscent	(8)
напра́во	向右	on the right	(7)
наприме́р	比如说	for example	(4)
наро́д	人民;人	people	(7)
на́сморк	伤风;鼻炎	cold	(11)
насто́льный	案头的,桌上的	table	(6)
нау́ка	科学	science	(3)
находи́ть//найти́	找到,捡到	to find	(5)
начина́ть//нача́ть	开始,着手	to start,begin	(4)
начина́ться //нача́ться	开始	begin	(4)
начина́ющий	新的;新手	beginner	(11)
неда́ром	难怪	for nothing	(8)
нездоро́виться	不舒服,有病	to unwell,sick	(11)
не́который	某种,某一;某些	some	(12)
нела́дно	有毛病,有问题	wrong	(11)
неме́цкий	德国人的	Germay	(1)
необходи́мость	必要性,需要	need,necessity	(10)
неподви́жно	不动地,一动不动地	motionlessly,fixedly	(11)
непродолжи́тельный	时间不长的,短时期的	short	(8)
никогда́	从来(没),永远(不)	never, ever	(3)
никако́й	任何也(不),无论什么样也(不)	no	(11)
никуда́	哪里也(不)	anywhere,nowhere	(8)
новосе́лье	新居;乔迁酒宴	new home;housewarming party	(5)
но́вость	新闻	news	(4)
норма́льно	正常地	nomally	(1)

O

обе́денный	中午的	lunch,dinner	(4)
обме́ниваться//обменя́ться	交流,交换	to exchange	(5)
обраща́ться//обрати́ться	找……;向……提出	to address,apply	(11)
обслу́живание	服务	service	(12)
обсужда́ть//обсуди́ть	讨论	to discuss	(4)
объезжа́ть//объе́здить	(乘车等)走遍	to travel	(9)
о́бувь	鞋	shoe	(12)
обы́чно	通常,平常	usually	(7)
обяза́тельно	一定	necessarily	(1)

овощнóй	蔬菜的	vegetable	(5)
огрóмный	大的	big	(12)
одевáться//одéться	穿衣服	to dress	(4)
одéжда	衣服,服装	clothes	(10)
одúннадцатый	第11	eleventh	(4)
ожидáть	预料,期待	to expect, wait	(6)
окáнчивать//окóнчить	毕业;结束	to finish; to complete, end	(1)
óколо	周围;在旁边	near, around	(12)
окончáние	毕业	end, temination	(1)
окрáина	边缘;郊区	autskipts; suburb	(4)
оплáчивать//оплатúть	付……钱,付……费	to pay	(12)
определённый	固定的	certain, dentemined	(4)
óпытный	有经验的	experience, veteran	(11)
организáция	组织,机构,机关	orgainization	(10)
организóвывать//организовáть	组织,安排	to arganize	(9)
осéнний	秋天的	autumn, autumnal	(8)
осмáтривать//осмотрéть	检查;参观	to inspect; to look	(11)
осóбенно	特别,尤其	especially	(2)
останáвливаться//остановúться	停留,停下	to stop, stay	(7)
отдавáть//отдáть	交还,交给	to give, repaly	(11)
отдéл	处,部门	department, division	(1)
óтдых	休息	rest, relax	(8)
отличáться	与……不同,与……有区别;特点是……	to differ, deviate	(3)
отлúчно	很好;优秀	perfectly, excellently	(1)
отправлять//отпрáвить	寄;派遣,派出	to send	(11)
óтпуск	假期,休假	holiday, vacation	(8)
отставáть//отстáть	落后;(表)慢	to pace; to fall behind	(4)
отсю́да	从这里,由此	from here	(7)
óтчество	父称	middle name	(10)
официáльно	正式地	officially	(4)
официáнтка	女服务员	waitress	(2)
охрáна	保护,保卫;警卫队	protection; guard	(10)
ошибáться//ошибúться	弄错,想错	to mistak	(12)

П

па́дать//упа́сть	坠落,跌倒;衰落	to fall, drop	(11)
па́пка	文件夹	folder	(5)
па́ра	一双	couple, pair	(12)
Пари́ж	巴黎	Paris	(9)
па́ртия	一局;党派	batch; party	(6)
пацие́нт	患者	patient	(4)
па́чка	一包,一束	bundle, packet	(12)
пейза́ж	风景,景色;风景画	scencery	(9)
пеки́нец	北京人	Beijing resident	(8)
пе́ние	唱歌	singing	(4)
пенсионе́рка	退休人员(女)	pensioner, retired woman	(12)
перево́дческий	翻译的	translation	(1)
перевози́ть//перевезти́	(从一处)运到(另一处)	to transport, carry	(5)
переда́ча	(广播、电视)节目	transfer	(4)
переезжа́ть//перее́хать	驶过;搬家	to move	(5)
пережива́ть	激动,不安,担心	to worry, suffer	(2)
переодева́ться//переоде́ться	换衣服	to change clothes	(4)
переры́в	暂时休息,间歇	break, interruptipn	(4)
переса́дка	换车,换乘	transplant	(7)
переса́живаться//пересе́сть	换乘	transplant	(7)
переходи́ть//перейти́	通过;转到	to proceed; to move	(7)
пери́од	时期	period	(8)
перо́	羽毛	feather, plume	(3)
пече́нье	饼干	biscuit	(12)
печь//испе́чь	烤,烙	to bake	(2)
пик	高峰	peak	(7)
пинг-по́нг	乒乓球	ping-pong	(6)
пиро́г	馅饼	pie	(5)
пи́сьменный	书写用的;书面的	writing	(5)
пить	喝,饮	to drink	(5)
пла́вание	游泳	swimming	(1)
пла́вать	游泳	to swim; to float	(6)
план	计划	plan	(9)
плати́ть//заплати́ть	支付,付款	to pay	(12)
пла́тный	收费的	paid, chargeable	(10)
пло́хо	不好	bad	(11)
повести́	领着走	to carry	(5)
повора́чивать//поверну́ть	拐弯,拐向	to turn	(7)

повы́шенный	提高了的,高于正常的	high, elevated	(11)
поговори́ть	谈一谈	to talk, chat	(10)
по-грузи́нски	格鲁吉亚式的	Georgian	(5)
подава́ть // пода́ть	提交,呈送;递给,端给	to submit; to give	(3)
поднима́ться// подня́ться	登上;上升	to climb; to rise	(5)
подходи́ть// подойти́	走近;适合,合身	to approach; to suitable	(7)
подыша́ть	呼吸	to breathe	(9)
пожа́рный	火警的,消防的	fire	(10)
пожива́ть	生活,度日	to live	(1)
по́здний	(很)晚的	late	(4)
пока́зываться// показа́ться	去看病;出现	to show; to appear	(11)
покупа́тель	顾客,买主	buyer, customer	(12)
поку́пка	购物,买来的东西	shopping	(12)
полдня́	半日,半天	half a day	(4)
полежа́ть	躺一会(儿)	to lie, lay	(11)
поле́зный	有益的,有好处的;有用的	useful, beneficial	(9)
поли́тика	政治	politic	(4)
полови́на	半个,半	half	(4)
получа́ться// получи́ться	结果是,(被)做成	to get	(2)
полчаса́	半小时	half an hour	(4)
по́льза	益处,好处	benefit	(6)
по́льзоваться// воспо́льзоваться	使用,利用	to use, enjo	(7)
понижа́ться// пони́зиться	下降,降低	to drop, fall	(11)
попада́ть// попа́сть	来到,走到	to get	(7)
поправля́ться// попра́виться	健康得到恢复,复元;好转	to recuperate, get better	(11)
попроща́ться	告辞,告别		(5)
популя́рный	普及的,流行的	popular	(8)
пора́	时候;是……的时候了	time; it is time...	(5)
поро́й	有时	sometimes	(4)
посвяща́ть// посвяти́ть	献给,贡献	to devote, spend	(8)
посеща́ть// посети́ть	访问,探望;参观	to visit; to attend	(4)
после́дний	最后的;最近的,最新的	last; recent	(3)
посло́вица	谚语	adage, saying goes	(9)
посо́льство	使馆	embassy	(7)
посреди́	在……中间	in the middie of	(5)
поте́ха	玩,娱乐,消遣	fun	(9)
похо́жий	像……的,类似……的	like, similar	(2)
появля́ться// появи́ться	出现	to appear	(6)

пра́вда	真理;的确	truth; admittedly	(8)
пра́вило	规则;规矩	rule, regulation	(2)
пра́вильно	正确	correctly	(9)
пра́во	权利,(复数)许可证,证书,执照	eligible	(2)
пра́ктика	实践;实习	practice	(11)
практи́чески	实际上	practically	(12)
предоставля́ть//предоста́вить	提供,供使用	to poride, give	(10)
предпочита́ть//предпоче́сть	认为……比……更好,更喜欢……	to prefer	(7)
представле́ние	认识;概念;观念	representation; concept; perception	(8)
представля́ть//предста́вить	提交;向……介绍;想象	to present; to imagine	(9)
прекра́сный	非常美的;极好的	beautiful, wounderful	(2)
прести́жный	体面的;高档的;有威信的	prestigious	(12)
прибыва́ть//прибы́ть	到达,抵达	to arrive, come	(10)
привлека́ть//привле́чь	吸引,引起兴趣,引起注意	to attract, bring	(12)
прие́зд	到达,来到	arrival	(9)
приём	接待;接诊	reception; acceptance	(4)
прика́зывать //приказа́ть	命令,吩咐	to tell, instruct	(2)
прилета́ть//прилете́ть	飞来	to arrive, fly	(10)
приме́рно	大约,大概	about	(7)
примеря́ть//приме́рить	试穿	to try, fit	(12)
приноси́ть//принести́	带来,拿来	to bring	(12)
при́нтер	打印机	printer	(12)
при́нятый	通常的,照例的	adopted, accepted	(8)
приро́да	(大)自然	nature	(9)
приходи́ться//прийти́сь	不得不,只能	to be must	(7)
про́бка	堵车	traffic jam	(7)
пробле́ма	问题	problem	(10)
про́бовать//попро́бовать	品尝;尝试	to taste; to try	(5)
проверя́ть//прове́рить	检查;审查	to check; to inspect	(4)
проводи́ть //провести́	度过	to spend	(2)
провожа́ть//проводи́ть	送行	to see off	(5)
прогре́сс	进步	progress	(10)
прогно́з	预报,预测	forecast	(8)
прогу́лка	散步,游玩	walk, trip	(11)
продаве́ц	售货员	seller, shop assistant	(12)

продавщи́ца	女售货员	saleswoman, clerk	(12)
продолжа́ться//продо́лжиться	持续;继续	to continue; to go on	(3)
продукто́вый	食品的	product, food	(11)
проду́кты	食品	food	(4)
проезжа́ть//прое́хать	(乘车等)驶到;驶过;错过	to miss; to ignort; to pass	(7)
прожи́ть	活(若干时间),居住(若干时间)	to live, spend	(11)
прои́грывать//проигра́ть	输,输给	to lose, fail	(6)
пропуска́ть//пропусти́ть	错过;漏掉;使通过	to miss; to ignort; to pass	(6)
про́сто	容易,简单	simply, merely	(3)
просто́рный	宽敞的	spacious, large	(5)
просту́да	着凉,感冒	cold	(11)
простужа́ться//простуди́ться	着凉,感冒	to catch a cold	(11)
профессиона́льно	在行,具有专业水平地	professionally, expertly	(6)
прохла́дный	凉爽的	cool, cold	(8)
проща́ть//прости́ть	原谅	excuse, remit	(7)
пруд	池塘,水池	pond	(9)
прыжо́к	跳跃	jump	(6)
прямо́й	直的,直达的	direct	(7)
пуга́ть//испуга́ть	使……害怕	to terrify, startle	(8)
пуга́ться//испуга́ться	害怕	to scared, shy	(11)
пульс	脉搏	pulse, heart rate	(11)
пусть	让……,愿……	enen if, albeit	(10)
пух	绒毛,细毛	feather, fluff	(3)
пыта́ться //попыта́ться	试图,企图	to try, attempt	(9)
пя́тница	星期五	Friday	(3)

Р

рабо́чий	办公的	working	(10)
рад	高兴		(5)
ра́доваться //обра́доваться	感到高兴	to be happy	(5)
ра́достный	高兴的	joyful	(9)
разгово́р	谈话	conversation	(10)
разгуля́ться	散步消愁,散心,玩得不肯睡觉	to spree	(9)
разме́р	号码,尺寸	size	(12)
разреша́ть//разреши́ть	允许	to allow, permit; to resdue, settle	(7)

рак	癌症	cancer	(11)
расписа́ние	时间表,时刻表	schedule, timetable	(10)
рапсолага́ть	拥有,具有	to have, possess	(9)
расспра́шивать//расспроси́ть	详细询问	to ask, inquire	(5)
расстоя́ние	距离	distance	(7)
расстра́иваться//расстро́иться	伤心,难过	to get upset, disappointed	(8)
рассчи́тывать	期望,指望	to expect	(10)
расти́//вы́расти	成长,长大	to rise; to grow; go up	(1)
регуля́рно	按规律地,定时地,定期地	regularly	(6)
ремо́нт	维修,修理	repair, mending, renovation	(7)
реце́пт	处方,药方	recipe	(11)
рисова́ние	绘画	drawing, painting	(4)
рестора́н	饭店,餐厅	restaurant	(11)
рове́сник//рове́сница	同龄人	coeval, same age	(2)
род	出身阶层,出生地点	race, kin	(8)
ро́дина	祖国,家乡	home, homeland	(8)
Рождество́	圣诞节	Christmas	(8)
ры́бка	小鱼	fish	(9)
ры́бный	鱼的	fish	(5)

С

сади́ться//сесть	坐下;乘上	to sit, seat	(5)
сажа́ть//посади́ть	让……坐下;种植	to sit; to plant	(5)
самолёт	飞机	aircraft, airplane	(9)
сапоги́	皮靴	boots	(12)
све́дение	消息,报道	fact, redution	(10)
свети́ть	照耀	to shine	(8)
све́тлый	明亮的;浅色的	ligh, bright	(12)
сви́тер	(套头的)高领毛线衣	sweater, jersey	(12)
свобо́да	自由	freedom, liberty	(3)
свя́занный	与……相关,与……相联系	related, connected	(8)
северя́нин	北方人	northerner	(8)
северя́нка	北方女人	northern woman	(8)
секре́т	秘密	secret	(2)
се́кция	部,组	section	(6)
семе́йный	家庭的	family, familial	(2)
семе́стр	学期	semester, term	(3)

семина́р	课堂讨论;讲习班	seminar	(3)
се́рый	灰色的	grey	(12)
се́ссия	考试,考期;会议	session	(3)
сигаре́та	香烟	cigarette	(12)
симпати́чный	可爱的	nice, pretty, lovely	(12)
скуча́ть	想念,怀念	to miss, homesick	(9)
скучнова́то	有些寂寞;有些无聊,有些枯燥	boringly	(9)
сла́бый	体弱的,微弱的	weak	(8)
сле́довать	跟随;应该,应当	to follow; must	(10)
сле́дующий	其次的,下一个的	next	(7)
сло́жный	复杂的	difficult, complicate	(3)
слу́жба	服务	service	(10)
служе́бный	办公的	official	(10)
слу́чай	事件;场合	case, event; occasion	(1)
случа́йно	意外地;偶然的	accidnetally, by pure accident	(10)
сме́лый	勇敢的	brave	(8)
снима́ть//снять	拿下,摘下,解除	to take, take off	(10)
сторона́	方面,方向	side	(3)
собира́ться//собра́ться	准备;集合	to intend; to gather, meet	(2)
сове́т	建议	advice	(2)
совсе́м	完全,十分	entirely	(6)
сожале́ние	遗憾	pity, remorse	(10)
солёный	腌的;咸的	salt	(5)
соли́дный	有声誉的,可信赖的;有风度的	respectable;reputable	(3)
со́лнечный	太阳的;晴朗的,有阳光的	sunny;sunshine	(5)
со́лнышко	太阳	sun	(8)
соль	盐,食盐	salt	(12)
сообще́ние	交通	communication	(7)
сообща́ть//сообщи́ть	通知;宣布	to report,say	(10)
соревнова́ние	比赛	match, game	(6)
сороково́й	第 40	fortieth	(12)
сотру́дник	职员	employee,staffer	(1)
Со́чи	索契	Sochi	(9)
сочу́вствовать	同情	to sympathiz	(11)
спаса́ть//спасти́	救,拯救	to save,rescue	(11)
спать	睡觉	to sleep	(4)
специализи́рованный	专门的	specialized	(12)
специали́ст	专家	specialist	(2)
спеши́ть	急忙;(表)快	to hurry	(4)

спóрить//поспóрить	争论,争辩;打赌	to argue	(4)
спортúвный	体育运动的	sport	(4)
способный	有能力的,有才能的	capable,able	(11)
спрáвочник	手册,指南	handbook	(10)
спрáвочно-информациóнный	问讯的	inquiry	(10)
спрáвочный	咨询的,问讯的	inguiry	(10)
спускáться//спустúться	下来,下降	to climb down	(7)
срáвнивать//сравнúть	比较,相对照	to compare	(8)
стáвить//постáвить	竖立,(竖着)摆放	to put, set	(5)
стáнция	(火车、地铁)站	station	(7)
старúк	老人,老头(儿)	old man	(11)
стáроста	班长	head, chief, mayor	(2)
стихотворéние	诗歌	poem, poetry	(8)
стóлик	小桌,茶几	table	(5)
стóлько	那么多;那样	many, much; so much	(4)
стрáстно	狂热地	hotly	(6)
стрáстный	狂热的	passionate, aviol	(6)
стрáшно	可怕地	terribly, awfully	(11)
стрáшный	可怕的;很厉害的	terrible	(11)
стрóгий	严格的	strict	(3)
стрóйный	身材匀称的,苗条的	slim,slender	(6)
судьбá	命运	fate, destiny	(1)
сумасшéдший	疯子;神经失常的	crazy;madman	(6)
супермáркет	超市	supermaket	(2)
сухóй	干燥的,干旱的	dry, arid	(8)
существовáть	存在	to exist	(10)
сходúть//сойтú	下车;下来	to get of	(7)
счёт	比分;账单	score; bill	(6)
счётчик	计价器	counter,totalizer	(7)

Т

тáкже	同样地,也	also,well as	(10)
тáнцы	舞会	dancing	(4)
тáпки	平底便鞋	sneakers	(12)
тарéлка	盘子	plate,dish	(5)
твёрдо	坚定地	firmly	(6)
театрáльный	剧院的	theatre,drama	(7)
телефóнный	电话的	telephone	(10)
тёмный	黑暗的;深色的	dark, obscure	(12)

те́ннис	网球	tennis	(6)
теплохо́д	内燃机船;柴油机船	ship, boat	(9)
тёплый	温暖的	warm	(8)
терапе́вт	内科医生	terapist	(11)
термо́метр	温度表;体温表	thermometer	(11)
терпе́ние	耐心	forbearance	(6)
те́хника	技术	technology	(2)
техни́ческий	技术的	technical	(10)
това́р	商品	goods	(12)
торго́вый	贸易的	trade	(1)
торт	蛋糕	cake	(2)
тост	祝酒词;祝酒	toast	(5)
тот	那个,那	the, it	(12)
то́чно	准确地	exactly	(4)
то́чный	精确的;准确的;精密的	exact, precision	(3)
традицио́нный	传统的	traditional	(8)
тради́ция	传统	tradition	(2)
тра́нспорт	运输,交通	transport	(7)
тра́тить//потра́тить	花费,耗费	to spend, expend	(10)
тре́нер	教练	coach	(6)
тро́е	三个,三	three	(2)
тро́йка	三分	three	(3)
тролле́йбус	无轨电车	trolley, trolley bus	(7)
тру́бка	话筒	tube, pipe	(10)
труд	费力,努力;劳动	hard; labour, work	(3)
трудого́лик	工作狂	workaholic	(9)
туале́т	盥洗室,厕所	toilet, restroom	(5)
туристи́ческий	旅游的	tourist, tourism	(12)
ту́фли	鞋,便鞋	shoes	(12)

У

убира́ть//убра́ть	拿开,拿走;收割;收拾	to remove; to get; to clean	(5)
увлека́ться//увле́чься	酷爱,着迷	to fond	(6)
у́гол	拐角,拐弯处	corner	(5)
уда́р	打击	strike, attack	(3)
уда́ча	成功	success	(3)
уда́чно	成功地	successfully	(11)
удивле́ние	惊奇	suprise	(11)
уезжа́ть //уе́хать	(乘车等)离开	to leave	(10)

у́зкий	窄的;过瘦的	narrowly, tight	(5)
уме́ть	会	can	(12)
у́мный	聪明的	clever, intelligent	(3)
упрека́ть//упрекну́ть	责备,指责	to reproach, upbraid	(9)
услу́га	服务,帮助	service	(10)
успева́ть//успе́ть	来得及	to have enough time	(4)
успе́х	成绩;成功	success	(3)
устава́ть //уста́ть	劳累,疲倦	to be tired	(12)
уста́лость	疲劳,疲倦	fatigue, triedness	(11)
устра́иваться//устро́иться	就业,找到工作;安置(好)	to get a job; to settle	(1)
Уха́нь	武汉	Wuhan	(8)
уходи́ть//уйти́	离开;走开	to leave	(5)

Ф

фа́брика	工厂	factory, plant, mill	(1)
фана́т	狂热者,对……入迷的人	fan, freak	(6)
фи́рма	公司	company	(1)
фи́рменный	招牌的,最拿手的	speciality	(5)
фра́за	句,语句	phrase, sentence	(9)
францу́зский	法国的,法国人的	French	(1)
футбо́льный	足球的	football	(6)

Х

хвата́ть//хвати́ть	足够,够用	to be enough	(5)
хи́мия	化学	chemistry	(3)
хиру́рг	外科医生	surgeon	(11)
ходьба́	步行	walk	(7)
хозя́йка	女主人,主妇	hostess, housewife	(2)
хозя́йство	经济;家务	economy; household	(4)
хокке́й	冰球	hockey, bandy	(6)
хокке́йный	冰球的	hockey	(6)
хо́лод	寒冷	cold, frost	(8)
холосто́й	单身的	single, unmarrie	(1)
хоте́ться	想,想要	to want	(9)
хотя́	虽然,不过	although	(6)
храни́ть	保存,保持,保守	to keep, store, retain	(2)

Ц

цвет	颜色	color	(12)

це́лый	整整的	whole	(12)
цель	目的,目标	goal, purpose	(6)
центра́льный	中心的;中央的	central	(8)
ЦУМ	中央百货商店	TSYM	(12)

Ч

ча́стный	个人的,私人的	private	(10)
чек	付款小票,取货单	check	(12)
чемпио́н	冠军	champion, winner	(6)
че́рез... по́сле...	……后(若干时间)	through	(11)
чёрный	黑色的	black	(12)
чёрт	鬼,魔鬼	devil	(3)
четвёрка	四分	four	(3)
че́тверть	1/4,1 刻钟	quather; fifteen minutes	(4)
число́	数字;日期	number; date	(4)
чи́стить//почи́стить	清洁,弄干净	to clean	(4)
чте́ние	阅读	reading	(3)
что́-нибудь	随便什么	something	(2)
что́-то	某事,(有个)什么东西	something	(2)
чу́вствовать//почу́вствовать	感觉,感到	to feel, sense	(3)
чуде́сный	美妙的	wonderful	(9)

Ш

Шанха́й	上海	Shanghai	(10)
широ́кий	宽的;肥大的	wide, broad	(12)
шко́льный	学校的	school	(8)
шокола́д	巧克力	chocolate	(12)
шу́ба	毛皮大衣	fur coat	(12)
шути́ть//пошути́ть	开玩笑	to joke	(2)
шу́тка	玩笑	joke	(9)

Э

эй	嗨,喂	hey, hi	(7)
экзаменацио́нный	考试的	exam, examination	(3)
э́кстренный	紧急的,迫切的	urgent, emergency	(10)
эскала́тор	自动扶梯	escalator	(7)
этаже́рка	书架	shelf	(5)

Ю

ю́бка	裙子	skirt	(12)
ю́го-за́пад	西南	southwest	(3)
южа́нин	南方人	southerner	(8)
южа́нка	南方女人	southern woman	(8)
ю́жный	南方的	southern	(8)

Я

яйцо́	鸡蛋	egg	(12)

附录Ⅲ 第二册重点词汇

名词的性

ста́роста	[阳]班长
полдня́	[阳]半日,半天
полчаса́	[阳]半小时

以-ь 结尾的名词的性

апте́карь	[阳]药剂师
близору́кость	[阴]近视
боле́знь	[阴]疾病
бюллете́нь	[阳]通报,简报;病假证明
вестибю́ль	[阳]入口处的大厅 ;前厅
вещь	[阴]物品,东西
дождь	[阳]雨
жизнь	[阴]生活
зе́лень	[阴]绿草,绿阴
ка́шель	[阳]咳嗽
контро́ль	[阳]检查,监督
крова́ть	[阴]床
люби́тель	[阳]爱好者
мысль	[阴]思想,想法
необходи́мость	[阴]必要性,需要
но́вость	[阴]新闻
о́бувь	[阴]鞋
покупа́тель	[阳]顾客,买主
соль	[阴]盐,食盐
уста́лость	[阴]疲劳,疲惫
цель	[阴]目的,目标
че́тверть	[阴]四分之一;一刻钟

复数形式特殊的名词

(包括:1. 重音发生变化;2. 构成复数时,辅音 **г,к,х,ж,ш,ч,щ** 后不写**-ы**;3. 以带重音**-á,-я́** 结尾的复数形式;4. 某些阳性名词复数形式出现元音 **о,е** 脱落;5. 某些阳性、中性名词的复数形式特殊)

блин — блины́ 薄饼
вино́ — ви́на 葡萄酒
гара́ж — гаражи́ 车库
го́лос — голоса́ 嗓音;歌喉
гриб — грибы́ 蘑菇
деся́ток — деся́тки 10,10 位
дире́ктор — директора́ 厂长,校长,经理
до́ктор — доктора́ 医生,大夫;博士
звоно́к — звонки́ 铃,铃声
иностра́нец — иностра́нцы 外国人
кольцо́ — ко́льца 环,圈;戒指
коне́ц — концы́ 末尾,终点
красота́ — красо́ты 美;美貌
лес — леса́ 树林,森林
лицо́ — ли́ца 脸
ма́стер — мастера́ 师傅,工匠
медсестра́ — медсёстры 女护士
о́тпуск — отпуска́ 假期,休假
пеки́нец — пеки́нцы 北京人
перо́ — пе́рья 羽毛
пиро́г — пироги́ 馅饼
пора́ — по́ры 时候
пра́во — права́ 许可证,证书,执照
продаве́ц — продавцы́ 售货员
пруд — пруды́ 池塘,水池
прыжо́к — прыжки́ 跳跃
северя́нин — северя́не 北方人
сторона́ — сто́роны 方面,方向
судьба́ — су́дьбы 命运
счёт — счета́ 比分;账单
труд — труды́ 费力,努力;劳动
у́гол — углы́ 拐角,拐弯处
чёрт — че́рти 鬼,魔鬼
число́ — чи́сла 数字,日期
южа́нин — южа́не 南方人
яйцо́ — я́йца 鸡蛋

只有复数的名词

боти́нки (半高腰的)鞋,皮鞋
брю́ки 裤子

бýдни 工作日
конькú 冰鞋;滑冰
кроссóвки 旅游鞋,运动鞋
кýрсы 培训班
лыжи 滑雪板;滑雪
сапогú 皮靴
тáпки 平底便鞋
тýфли 鞋,便鞋

第六格特殊的名词

аэропóрт — в аэропортý 飞机场
бег — на бегý 跑步
лес — в лесý 树林,森林
ýгол — в углý 拐角,拐弯处

变格特殊的名词

(包括1.单、复数各格重音都发生变化;2.单数第四格重音发生变化;3.复数各格重音发生变化;4.变格时发生元音脱落;5.复数形式特殊)

блин — блинá 薄饼
гарáж — гаражá 车库
грамм — грамм (грáммов)[复二] 克
гриб — грибá 蘑菇
десяток — десятка 10,10位
душá - дýшу[四格] 心灵,内心
желýдок — желýдка 胃
звонóк — звонкá 铃,铃声
инострáнец — инострáнца 外国人
коньяк — коньякá 白兰地
пекúнец — пекúнца 北京人
перó — пéрья[复数],пéрьев 羽毛
пирóг — пирогá 馅饼
полдня — полýдня 半日,半天
полчасá — получáса 半小时
порá — пóру[四格] 时候
продавéц — продавцá 售货员
северянин — северяне[复数],северян 北方人
сторонá — стóрону[四格] 方面,方向
старúк — старикá 老人,老头儿
судьбá — сýдьбы[复数],сýдеб,сýдьбам 命运
труд — трудá 费力,努力;劳动

у́гол — угла́ 拐角，拐弯

чёрт — чéрти[复数]，чертéй 鬼，魔鬼

южа́нин — южа́не[复数]，южа́н 南方人

яйцо́ — я́йца[复数]，яи́ц 鸡蛋

不变化的名词

кило́[中] 公斤

ко́фе[阳] 咖啡

要求第二格的前置词

во́зле 在近旁，在……旁边

для 为了

до 到；……之前

из-за 从……后面；从……外边

о́коло 周围；在旁边

посреди́ 在……中间

要求第三格的前置词

благодаря́ 多亏，由于

要求第四格的前置词

чéрез 经过

要求补语的名词

забо́та о ком-чём 关心

интерéс к чему́ 兴趣

ко́нкурс на что 竞赛

контро́ль над чем 或 *за чем* 检查，监督

要求第二格的动词

добива́ться чего́ 达到……；取得……

доезжа́ть до чего́ （乘车等）到，抵达

достига́ть чего́ 达到

зави́сеть от кого́-чего́ 受……支配，依赖；由……决定，取决于……

отлича́ться от кого́-чего́ 与……不同，与……有区别；特点是……

пуга́ться кого́-чего́ 害怕

要求第三格的动词

гото́виться к чему́ 准备

дава́ться кому́ 掌握，学会

дозва́ниваться к кому́	打通电话
нездоро́виться кому́	不舒服,有病
обраща́ться к кому́	找……;向……提出
подходи́ть кому́	适合,合身
приходи́ться кому́	不得不,只能
ра́доваться чему́	感到高兴
скуча́ть по кому́-чему́	想念,怀念
сле́довать кому́	应该,应当
сочу́вствовать кому́-чему́	同情
хоте́ться кому́	想,想要

要求第四格的动词

беспоко́иться за кого́-что	担心;费心
боле́ть за кого́-что	捧场
вме́шиваться во что	干涉,干预
жа́ловаться на кого́-что	抱怨;说(有病、疼痛等)
одева́ться во что	穿衣服
рассчи́тывать на кого́-что	期望,指望

要求第五格的动词

любова́ться чем	欣赏,观赏
называ́ться чем	叫做,称作
обме́ниваться кем-чем	交流,交换
ошиба́ться чем	弄错,想错
по́льзоваться чем	使用,利用
располага́ть чем	拥有,具有
сле́довать за кем-чем	跟随
увлека́ться чем	酷爱,着迷

要求第六格的动词

жени́ться на ком	(男子)结婚,娶(妻)
ошиба́ться в ком-чём	弄错,想错

要求两个格的动词

благодари́ть кого́ за что	致谢,感谢
воспи́тывать что в ком	培养,教育
доводи́ть кого́-что до чего́	把……进行到;引到,带到
довози́ть кого́-что до чего́	(乘车、船等)送到,拉到
жела́ть кому́ чего́	祝愿,希望
знако́мить кого́ с кем-чем	介绍,使认识

назначáть когó-что кем-чем 约定,规定,指定
напоминáть комý о чём 提醒,使想起
посвящáть что чемý 贡献,献给
предпочитáть что чемý 认为……比……更好,更喜欢……
сообщáть комý о чём 通知;宣布
срáвнивать что с чем 比较,相对照
трáтить что на что 花费,耗费
хватáть чегó комý 足够,够用

过去时形式特殊的动词

везти́ — вёз, везлá, везлó, везли́ 运走
печь — пёк, пеклá, пеклó, пекли́ 烤,烙
принести́ — принёс, принеслá, принеслó, принесли́ 带来,拿来
расти́ — рос, рослá, рослó, росли́ 成长,长大
спасти́ — спас, спаслá, спаслó, спасли́ 救,拯救

变位特殊的动词

класть — кладý, кладёшь, кладýт 平放
нали́ть — налью́, нальёшь, нальют 倒,斟
пить — пью, пьёшь, пьют 喝,饮
приня́ть — примý, при́мешь, при́мут 招待,接待;接诊

变格特殊的形容词

бáбий — бáбья, бáбье, бáбьи 农妇的,婆娘的

要求补语的形容词

богáтый чем 丰富的
женáтый на ком (男子)已婚的
похóжий на когó-что 像……的,类似……的
свя́занный с кем-чем 与……相关,与……相联系

副词词组

зáмуж за когó 出嫁
зáмужем за кем 已嫁人

参考文献

[1]ДУБРОВИН. М И Школьный англо-русский словарь[M]. Москва:Иностранный язык,2001.

[2]黑龙江大学辞书研究所.俄汉详解大词典[M].哈尔滨:黑龙江人民出版社,1998.

[3]全国高等学校外语专业教学指导委员会俄语教学指导分委员会. 高等学校俄语专业教学大纲[M].北京:外语教学与研究出版社,2012.

[4]史铁强,张金兰. 大学俄语(东方新版Ⅰ)[M]. 北京:外语教学与研究出版社,2012.

[5]王利众. 高等学校俄语专业四级考试必备:词汇篇[M]. 北京:外语教学与研究出版社,2011.

[6]王利众,童丹. 大学俄语(东方新版)一课一练(第一册)[M]. 北京:外语教学与研究出版社,2011.